相手にイライラされない、"伝わる"説明の技術

大事な順に身につく

説明の型

海津佳寿美
Kaizu Kasumi

技術評論社

● 付録PDFのダウンロード

本書では、「説明準備シート」「説明の型テンプレート×7つ」を掲載したPDF（A4サイズ）をご用意しています。印刷するなどして、日常の説明の準備にご利用ください。

PDFは、以下のサポートページからダウンロードできます。ダウンロード時にはパスワードを求められますので、P.164、5行目に記載されている【英字6文字】を入力してください。

本書サポートページ
https://gihyo.jp/book/2025/978-4-297-14780-8/support/

※付録データは、著作権法によって保護されています。ダウンロードし、データを利用できるのは
　書籍をご購入の方に限ります。第三者への譲渡、二次利用に関しては固くお断りいたします。

注 意 書 き

本書に記載された内容は、情報の提供のみを目的としています。したがって、本書を用いた運用は、必ずお客様自身の責任と判断によって行ってください。これらの情報の運用の結果について、著者および技術評論社はいかなる責任も負いません。

■本書に掲載した会社名、プログラム名、システム名などは、米国およびその他の国における登録商標または商標です。本文中では™マーク、®マークは明記していません。

はじめに

「で、何が言いたいの？」

説明術の講座を開催していると、多くの受講者がこう言われた経験があると口にします。

「自信をもって伝わる説明ができるようになりたい」。そんな切実な声を、私はたくさん聞いてきました。

でも、安心してください。本書では、「わかりやすい説明」に必須のポイントを、「型」として一般化して解説しています。

そしてそれらを、「大事な順」に身につけていただけるよう、3段階で構成しました。

まずは「何が言いたいの？」をなくす「最重要レベル」、次に「わかりやすい」に磨きをかける「説明上手レベル」、そして聞き手の感情を動かす「説明達人レベル」へと、着実にステップアップできるようになっています。

さらに、せっかくの学びを確実に身につけるための工夫として、各テーマの解説後に、練習問題を用意しました。

それぞれのポイントについて、解説で理解したうえで練習問題に取り組むことで、記憶に残ると同時に実践力が身につきます。仮に、練習問題に取り組むのが難しかったとしても、回答例を読むだけでも多くのヒントが得られるはずです。

「伝わる説明」は、単にスキルとして役立つだけでなく、あなたの仕事を円滑に進め、周囲との信頼関係を深める力になります。

本書が、その助けになることを心から願っています。

CONTENTS

第 0 章　説明する前に意識してみよう

■ 「わかる」って、どういうこと? ⋯⋯⋯⋯⋯⋯⋯⋯⋯⋯⋯⋯⋯ 10

■ 伝わらないのが当たり前?:日本人の会話は誤解だらけ ⋯⋯ 12

■ 自分は話を聞いてもらえる人か?:日頃の自分を振り返ろう ⋯ 16

COLUMN　人は、もらったものを返そうとする ⋯⋯⋯⋯⋯⋯⋯⋯ 18

第 1 章　伝わる説明のための準備

■ 説明も「準備」が大事 ⋯⋯⋯⋯⋯⋯⋯⋯⋯⋯⋯⋯⋯⋯⋯⋯ 20

■ まずは自分がよく理解する:
　説明することを十分理解しているか? ⋯⋯⋯⋯⋯⋯⋯⋯⋯ 22

- 相手を知る、相手の視点に立つ：
  説明の相手は誰? 何を知りたい? 24

- 目的とゴールを明確にする：
  何のために、どこを目指して説明する? 27

- 相手とゴールを意識して必要な情報を洗い出す 29

- 練習も準備：段階的に実践する 32

COLUMN 報告や相談のタイミング **34**

第**2**章

最重要レベル
「何が言いたいの?」をなくす「型」

- 話し始め「型」：テーマと目的（＋ゴール）の共有 36

- 本題の伝え「型」：結論から話す 42

- わかりやすい言葉の使い「型」 48

- 具体的な話し「型」：数字や固有名詞を使う 52

- 聞き手が受け取りやすい話し「型」：一文を短く 56

- 混乱の防ぎ「型」：余計なことは言わない 60

公式の「説明の型」初級編

- 公式の「説明の型」を活用しよう ················· 64
- ホールパート法 ［〜は3つあります］ ················· 66
- PREP法 ［まずは結論を述べる］ ················· 68

COLUMN　マジカルナンバー　70

第3章 説明上手レベル
「わかりやすい」に磨きをかける「型」

- 状況の伝え「型」：「事実」と「考え」を区別する ················· 72
- 言い切り「型」：解釈を相手に委ねない ················· 76
- 「大きいもの→小さいもの」順の話し「型」 ················· 79
- 「抽象」と「具体」の意識のし「型」 ················· 84
- 具体化のし「型」：映像が浮かぶように話す ················· 90
- 抽象化のし「型」：細かすぎて伝わらないことは抽象化 ················· 96
- 「たとえ」の使い「型」：「具体」→「抽象」→「別の具体」 ················· 101
- 相手に寄り添う話し「型」：「共感」を意識する ················· 106
- 相手の反応に応じた話し「型」 ················· 111
- 表情・姿勢・動作の意識のし「型」 ················· 116

- メリハリのつけ「型」：スピード・強弱・抑揚　**120**
- 確実な伝え「型」：大事なことは繰り返す　**123**
- 業務指示のし「型」：「目的」や「意義」もきちんと伝える　**128**

公式の「説明の型」中級編

SDS法 ［概要→詳細で理解しやすくする］　**134**

SBAR法 ［医療現場での報告の型を活用する］　**136**

TAPS法 ［目標達成への解決策を示す］　**138**

COLUMN　質問対応の「5K」　**140**

第4章 説明達人レベル 聞き手の「感情」を動かす「型」

- 伝え方の幅の広げ「型」：言い換える・語彙を増やす　**142**
- 語彙の増やし「型」：本や類語辞典、生成AIに触れる　**146**
- 語彙力強化のし「型」：場面別表現事例　**150**
- プレゼンでの聞き手の動かし「型」　**154**
- 「質問」や「間」の使い「型」　**159**
- 言葉のクセ（フィラー）の治し「型」　**164**

- 感情の揺さぶり「型」：ストーリーを語る 168
- 説得力の増し「型」：誰かの言葉や本から引用する 172
- 抽象化・具体化の練習のし「型」 176
- スムーズな「たとえ」の繰り出し「型」 180
- 一言で伝える練習のし「型」 184
- 効果的な結論の持ってき「型」 188

公式の「説明の型」上級編

DESC法 ［上手にNOも言える］ 192

PCSF法 ［問題の解決策とポジティブな未来を示す］ 194

COLUMN スライド間にブリッジをかける 196

巻末付録

説明用テンプレート 197

第 0 章

説明する前に
意識してみよう

説明する前に意識してみよう

「わかる」って、どういうこと？

「わかる」にもいろいろある

ある部下と上司の会話です。

> 部下 「プロジェクトの進捗報告書を作成しましたので、ご確認いただけますか」
> 上司 「うん、**わかった**」

さぁ、このときの「わかった」はどういう意味でしょうか。

おそらく、「部下が進捗報告書を作成したこと」と「自分が確認を依頼されていること」を **「理解した」**、そして確認することを **「了承した」** というダブルの意味が含まれているのではないでしょうか。

では、こちらはいかがでしょうか。

> 部下 「クライアントからの要求が多くて、プレッシャーを感じています」
> 上司 「そうだよね。**わかるよ**」

これはきっと、「あなたの気持ち、わかるよ」という **「共感」** の意味で言っていますよね。

他にも「わかる」には、「納得する」「腹落ちする」「同意する」など、挙げればかなり多くの意味や程度があると言えるでしょう。

10

どの「わかる」を目指すのかを意識する

「わかる」にもいろいろありますので、説明する際には、**どの「わかる」を目指すのかを意識する**ことが大事です。

　目指すのは、相手が「状況を理解する」なのか「気持ちをわかってくれる」なのか「了承してくれる」なのか。どこを目指すかによって、伝え方も違ってきますよね。

　とはいえ、「説明」という場面においては、**まずは「相手が誤解なく理解する」**ことを最低限目指す必要があります。そこはクリアしたうえで、どこまで目指すのかということになるでしょう。

この本での「わかる」のイメージ

　以上を踏まえて、本書の第2章以降を「わかる」の視点から整理してみると、各章の内容は、説明の相手に次のようなレベルで「わかってもらう」ことをイメージしたものになっています。

　このような「わかる」の意味・レベルなども意識しながら、本書を読んでいただければと思います。

- 第2章　最重要レベル：「何が言いたいの？」をなくす「型」
　　　　⇒理解する・納得する
- 第3章　説明上手レベル：「わかりやすい」に磨きをかける「型」
　　　　⇒腹落ちする・気持ちがわかる・同意する・再現できる
- 第4章　説明達人レベル：聞き手の「感情」を動かす「型」
　　　　⇒行動する（したくなる）

> **まとめ**
>
> ### どの「わかる」を目指すのかを意識する
>
> - 理解する、了承する、腹落ちする、気持ちがわかる、行動する、など

第0章　説明する前に意識してみよう

説明する前に意識してみよう

伝わらないのが当たり前？：
日本人の会話は誤解だらけ

「日本人の会話の8割は誤解」と言う人もいるほど、実は私たちの会話は、自分が思っているほどには相手に伝わっていません。

　ここでは、なぜそれほど誤解が生まれてしまうのか、その要因を見ていきましょう。

それぞれの「当たり前」

　会話の際には、**話し手側と聞き手側のそれぞれに、ある種のフィルターが存在**しています。

　フィルターとは、その人がそれまでに培ってきた「知識や経験、文化、価値観、思い込み、感情、想像力、とらえ方」などです。つまり、**その人にとっての「当たり前」**。

　この「当たり前」が人によって異なることが、伝わらない大きな要因の一つです。

　話し手は、「伝えたいこと」を自分のフィルターを通して（＝自分の「当たり前」を踏まえて）、表現するものです。表現したものは、話し手の意図よりも範囲の広がった「伝わるかもしれないこと」となります。そして、聞き手はそれらを自分のフィルターを通して（＝自分の思考の枠に当てはめて）受け取ります。

　その結果、**聞き手に「伝わったこと」は話し手の「伝えたいこと」とは違ったものになっている**可能性が高いのです。

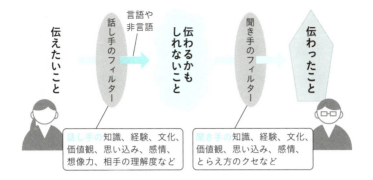

　例えば、それぞれのフィルターが次のようになっている場合を想像してみてください。

- 話し手のフィルター：**今日中＝今日の定時（18時）まで**
- 聞き手のフィルター：**今日中＝日付が変わるまで**

　この場合に、話し手が「今日中にメールで提出してください」と言ったら、聞き手は **23時59分** に提出するかもしれません。

日本語の難しさ

　日本語そのものも、非常に難しい言語だと言われています。その特徴をいくつか挙げてみましょう。

▶▶ 主語を省略しがち

　日本語では、いちいち「私は」や「あなたは」と言わなくても文章が成立しますよね。また会話の流れで不要と感じたら、主語が第三者であってもよく省略します。
　でも、その判断は主観ですから誤解につながる可能性があるのです。会話の途中で、相手から「誰が？」と聞かれたことはない

でしょうか。それは、必要な主語まで省略しているサインです。

▶▶ 指示語（こそあど言葉）が多い

「**それを取ってください**」と言われた時、何を指しているのかが曖昧だと、困惑したり別のものを取ってしまったりしますよね。「指示語（こそあど言葉）」は日常会話で多用されますが、こんな風に、使い方によっては誤解を招いてしまいます。

▶▶ 敬語が難しい

敬語もまた、日本語独特の複雑な表現法です。敬意や丁寧さを示すために使われますが、意図が伝わりにくいこともあります。

例えば、上司に「何か**聞かれましたか？**」と言った場合、上司はどう受け取るでしょうか。「上司が誰かから何かを尋ねられたか」という**受け身**を表しているのか、それとも「上司自身が何かを聞いたかどうか」を**尊敬語**で確認しているのか、どちらの意味にも取れます。後者であれば「お聞きになりましたか？」とすると尊敬語であることが明白になります。このように敬語は、社会人歴が長くてもなかなか難しいものです。

他にも、同音異義語が多いとか、同じ文章がイントネーションだけで肯定文にも疑問文にもなるとか、日本語には誤解につながる要因がとても多いのです。

察する文化におけるリスク

また、日本には**「空気を読む」「察する」という独特の文化**があります。ハッキリ言わずにできるだけ曖昧に表現したり、相手の意図をくみ取ったりすることが美徳とされていますよね。でも、この文化が誤解を生みやすいリスクでもあるのです。

例えば、ある提案に対して「ちょっと**難しいですね**」と答えたとします。きっと多くの人は「あぁ、できないんだな」と受け取るでしょう。でも、相手によっては、言葉どおりに「なるほど、難しいと感じてるんだな（けど、やってくれるだろう）」と受け取るかもしれません。断るときに「**大丈夫**です」と表現するのも、誤解の元ですね。

だから、伝わらなくて当たり前！

ここで挙げた以外にも、説明の仕方を習ったことがないとか、人は他人の話を聞かないものだとか、伝わらない要因は様々あります。

だから、**「伝わらないのが当たり前、普通」**なんです。

あなたがもし、「私の説明、伝わらない……」と悩んでいたとしたら、それが普通なので大丈夫です！　むしろ、完璧に意図どおりに伝わる方が奇跡的なくらいです。

でも、やっぱり伝わらないと困るし、伝わる説明ができるようになりたい……ですよね。

それを実現していただけるよう、この本を書いています。ぜひ、本書を読んで伝わる説明術を身につけていただければと思います。

> **まとめ**

「伝わらなくて当たり前」と「その理由」を意識する

- 話し手と聞き手の2重のフィルター、日本語の特性や文化的な背景など、様々な要因が絡み合って誤解が生まれる

第**0**章　説明する前に意識してみよう

説明する前に意識してみよう

自分は話を聞いてもらえる人か？：日頃の自分を振り返ろう

上手に話せても、聞いてもらえなければ意味がない

ビジネスの場では、話し方の技術はとても大切です。

でも、どれだけ話し方が上手くても、相手に聞いてもらえなければ意味がありません。例えば、上司に有意義な提案をしようとしても、上司が関心を持って聞いてくれなければ、その提案を採用してもらうことはできないでしょう。

聞いてもらうには、**自分が相手にとって信頼できる存在であり、話を聞く価値がある、話を聞いてあげたいと感じてもらうことが大前提**なのです。

そのためには、人間関係・信頼関係の構築

あなたは、どんな人の話なら聞いてあげたいと思いますか？

やはり、自分との関係性が良い人の話は、きちんと聞こうと思うのではないでしょうか。

良好な人間関係ができていれば、多少技術はつたなくても、相手から質問してくれたりフォローしてくれたりしてなんとかなるものです。

そういった人間関係は、一朝一夕に築けるものではありません。**日々のコミュニケーションの積み重ね**で構築されるものです。

コミュニケーションは、**話すよりも聞く方が大事**だとよく言われます。いつも関心を持って自分の話をきちんと聞いてくれる人との関係は、大事にしようと思いますよね。

16

また、ちょっとした頼まれごとは快く引き受けるとか、些細なことでも「ありがとう」を伝えるといった積み重ねも、関係を良好に保つ秘訣です。人にとって、こんな風に尊重されていると感じることは、とても大切なことです。

あなたが何かを説明する際、相手は、あなたの話をきちんと聞いてくれているでしょうか。まずは、**自分が話を聞いてもらえているかどうか、振り返ってみましょう。**

説明するときに、俯瞰的に相手の様子を観察してみてください。相手は頷きながら、真剣に話を聞いているでしょうか。

そして、あなたが日頃、周囲の人たちとどんなコミュニケーションをとっているか、どんな風に仕事に取り組んでいるかについても、ぜひ振り返ってみてください。

普段から、業務に関する知識や技術を向上しようという意識を持って真摯に仕事に取り組んでいれば、上司や同僚はきちんと見ていてくれるでしょう。また、礼儀を重んじる、約束やマナーを守るといった社会人としての基本的な姿勢をおろそかにしないことも大切です。

説明技術の習得も大事ですが、それ以前に、**人間関係・信頼関係を構築する**ことが、話を聞いてもらうには**一番重要**なんだと改めて意識していただければと思います。

> **まとめ**
>
> **信頼関係の構築で話を聞いてもらえる人になる**
>
> ■ 日々のコミュニケーションを大切にし、仕事に真摯に取り組む

Column

人は、もらったものを返そうとする

　人は一般的に、他人から何かしてもらったら、相手にお返しをしたいと感じるものです。これを**返報性の原理**と言います。誰かに親切にされたら、その人に親切を返したいと思いますよね。

　同じように、相手が自分の話を聞いてくれるようにするためには、まずは自分が相手の話に真摯に耳を傾けることが大切です。相手の話を遮らず、関心をもって傾聴する姿勢を普段から見せていれば、いざあなたが話そうとしたときには、きっと相手もきちんと聞いてくれるでしょう。

　また、**鏡の法則**という言葉を聞いたことはないでしょうか。これも、自分の周囲で起きる事象や自分に対する他人の言動は、自分を投影した鏡、つまり自分の言動が、鏡のように自分に返ってくるという考え方です。

　ポジティブなこともネガティブなことも自分に返ってきます。話を聞いてくれない相手の話は、やはり聞きたいとは思わないでしょう。相手の態度がネガティブであった場合、自分の日頃の言動を振り返ってみてください。

　例えば、相手の話を聞いた後の第一声で、「いや」「でも」「そうじゃなくて」といった否定語ばかり使っていないでしょうか。たとえ自分の考えと違っていたとしても、「なるほど、そうお考えなのですね」などと一旦受け止める姿勢が大切なのです。

　そのように、相手を尊重し真摯に対応することで、相手も同様に自分のことを尊重してくれる可能性が高くなるでしょう。

第 1 章

伝わる説明のための
準備

伝わる説明のための準備

説明も「準備」が大事

ほとんどのことに準備が必要

「準備が9割」とよく言われますが、何かを行うには、ほとんどのことに準備が必要です。準備の仕方によって結果は変わってくるものです。これは当然、「説明」にも当てはまります。

準備をせずに説明しようとして、何を言うべきかわからなくなり頭が真っ白になったことはありませんか？ もしくは、「何が言いたいの？」と相手にイライラされたり、質問に答えられずにしどろもどろになったりした経験はないでしょうか。

私自身、ある業務について関係者に説明をする必要があった際、準備不足で質問にまったく答えられなかったことがあります。結果、「申し訳ありません！ 諸々確認して、また後からご連絡します！」と焦りながら謝ったうえで後からフォローする、という精神的・時間的・労力的な負担が発生しました。

相手の、ちょっと眉間にしわが寄った呆れたような表情も忘れられません。「そんなの事前に確認しておくの当たり前だろう」という気持ちが、その表情から伝わってきました。

若かりし頃の失敗ですが、準備の大切さを痛感したものです。

準備のメリット

このような失敗をなくす以外にも、説明の準備をするメリットはいろいろあります。

これから本書で解説する説明の「型」などを使ってしっかり準

備をすれば、**相手に伝わりやすい説明ができます**。

　十分に準備ができていると、**不安が減って緊張も和らぎますし、自信を持って話すことができます**よね。堂々と説得力のある説明ができれば、**相手からの信頼も得やすく**なります。そうすれば、きっとその仕事はスムーズに進められるでしょう。

　「説明の準備」は、単にうまく説明するためだけではなく、**信頼関係を築いたり仕事を円滑に進めたりするには必要不可欠**なのです。

説明スキルを磨くことも準備の一つ

　準備とは、単に説明用の資料を用意することだけではありません。**説明スキルを磨くことも重要な準備の一つ**で、この本を読むことも、その一環になります。

　もちろん本を読んだだけですぐに説明の達人になれるわけではありませんが、コツコツ実践することで、着実に身についていきます。

　説明スキルが向上すれば、それを踏まえてより効率的・効果的な準備もできるようになりますので、好循環につながるでしょう。

　具体的な準備の方法については、次のページ以降で解説していきます。

> **まとめ**
>
> ### 説明も「準備が9割」
>
> ....
>
> - 準備のメリット：伝わる説明ができる、不安・緊張の軽減＝自信、信頼獲得、仕事の円滑化
> - 説明スキルを磨くことも準備のひとつ

伝わる説明のための準備

まずは自分がよく理解する：
説明することを十分理解しているか？

理解せずに説明するリスク

次の状況を想像してみてください。

あなたが、自分の部署が主担当の業務について、協力してくれる他部署の担当者に説明するよう上司から頼まれたとします。その際に、依頼する作業内容の詳細までよく確認せずに、自分の勝手な思い込みで誤った情報を伝えたとしたらどうなるでしょう。

後で、他部署の担当者から「これ、聞いたとおりにやってもうまくいかないんだけど」とクレームが入り、慌てて謝罪をして、詳細を確認したうえで訂正して改めて対応を依頼する。

そういった手間がかかります。これでは、業務に支障が生じるのはもちろん、その上司と他部署からの信用も失いかねません。

こうした失敗を避けるには、**説明する以前に、まず自分自身がその内容の詳細までしっかり確認して理解する**必要があります。理解せずに説明するのは、**説明する側・される側の双方にとって大きなリスク**になります。

▶▶ **知ったかぶりはバレる**

ちなみに、知ったかぶりで説明しようとしても、相手にはすぐに見抜かれてしまいます。知ったかぶり中の人の反応は、案外わかりやすいようですね。例えば、「たぶん」「おそらく」「かもしれません」「こんな感じ」などの曖昧な言葉を多用する。具体的

な質問に対して抽象的に答える、落ち着きがない様子を見せる（声がうわずる、目が泳ぐ、早口になるなど）。専門用語を過剰に使う、質問者に対して防衛的になる、などなど。

　潔く、わからないことはわからないと認め、後で調べて回答する姿勢を示した方が、印象がいいに違いありません。

説明内容を整理して理解する

　書類を読み解く場合は、大事なところやキーワードにマーカーを引くなどしつつ順を追って読んでいき、反芻しながら**自分の中に落とし込んでいきます**。ノートやメモ用紙に自分で図解しながら理解していくのもいいですね。

　そのうえで、他者に説明することを見越して、**伝えるべき要点を整理**していきましょう。その際に自分なりの言葉に置き換えていくと理解が深まります。

疑問点があれば調べる

　説明する内容に疑問点があれば、きちんと調べて自分が納得するまで確認しましょう。自分が疑問に思うことは、**説明される相手も疑問に思うでしょうから、それに対する回答をきちんと準備しておく**ことが大切です。説明内容を整理しながら理解することで、足りない情報などにも気付きやすくなります。

　そうやって自分で疑問点がなくなるくらい理解しておけば、質問されても対応できますし、安心です。

> **まとめ**
>
> ### 理解しないで説明するのは大きなリスク
>
> ■ 業務に支障が生じたり、信頼を失ったりするリスクがある
> ■ 自分なりに整理して理解して、疑問点があれば調べる

第1章　伝わる説明のための準備

> 伝わる説明のための準備

相手を知る、相手の視点に立つ：説明の相手は誰？ 何を知りたい？

相手の「当たり前」を知る

　第0章で解説したように、人は、一人ひとり違うフィルターを持っています。フィルターとは、その人がそれまでに培ってきた「知識や経験、文化、価値観、思い込み、感情、想像力、とらえ方」など、つまり、その人にとっての「当たり前」のことでしたね。

　伝わる説明の準備の一つとして、**相手の「当たり前」を知ること、推測することがとても重要**です。

　なぜなら、同じことを説明するにしても、**その人の「当たり前」に応じて、使う言葉も、伝える情報も、伝え方も変えていく必要があるから**です。

　相手は誰なのか、どんな人か、どんなバックグラウンドがあるか、何を知っていて、何を知らないか。何を知りたいのか、判断するときに何を重視するか、どんな話の仕方を好むか、何を嫌うか。どんな受け取り方をしそうか、専門用語はわかるのか、どの程度の情報量が必要か。

　そういったことを、相手のこれまでの経歴や、今の立場、日頃の言動などに思いを巡らせて、**相手の視点に立って考えてみる**のです。

　ぜひ、伝わる説明のために、相手の「当たり前」を知る・推測することを意識してみてください。

相手を観察してみよう

　報告や相談などで説明機会の多い直属の上司など、自分の仕事について**決定権限を持つ人の「当たり前」を知ることは必須**と言えます。そのために大事なのは、**普段から相手を観察する**こと。

　その人は、どんな時にどんな言葉を使っているか、会議などで説明するときに何に重点を置いて話しているか。判断を仰いだときに何を基準に判断しているか、報告をしたときにはどんな受け止め方をしているかなど、意識して観察してみるのです。その人が自分以外の人と話しているときの会話に耳を傾けるのもいいですね。

　そうやって観察していると、相手の「当たり前」が滲み出ているのがわかります。特に、**口癖など相手がよく口にする言葉**は、まさにその人が大事にしてることだと言えます。

　また、**相手が質問してくること**もいいヒントになります。相手はそこが気になるから、知りたいから質問してくるわけです。

　例えば、何かをやっていいか判断を仰いだとき。「それ、今までにやったことあるの？」と聞いてきたら、「前例」の情報は押さえておくのが当たり前だな、とか。「○○社（ライバル社）は、それやってる？」と聞いてくるなら、「ライバル社の状況」を確認しておくのが当たり前、とか。

　私が国立大学に勤めていた当時、ある業務の話を上司に上げる際にいつも聞かれたのが「○○先生は何て言ってるの？」でした。つまりその先生の意見が、上司の重要な判断基準の一つということ。なので、その類の案件について上司の許可を得たい場合は、事前にその先生と話をして賛同意見を引き出してから、その情報

第1章　伝わる説明のための準備

25

も含めて説明するようにしていました。

そのため、その先生と良好な関係を構築しておくことが、上司の攻略法として欠かせないものとなりました。

説明するときに必ず役に立ちますので、説明の相手になるかもしれない人については、日頃から観察しておくことをおすすめします。

関係者の「当たり前」を蓄積する

そうやって観察して気付いた「当たり前」は、**どんどん蓄積**していきましょう。頭の引き出しに入れておくのは当然ですが、忘れないようにどこか場所を決めてメモしておくのもいいですね。

可能なら、**直属の上司だけでなく、さらにその上の上司を押さえておく**ことも非常に有効です。それが、仕事を円滑に進める極意でもあります。

そのほか、仕事をするうえでよく接する**他部署の関係者や取引先の担当者**なども同様です。

その人たちをよく観察して、それぞれの虎の巻を作っておくと、説明も仕事もしやすくなるでしょう。

まとめ

相手の「当たり前」を知る

- 相手をよく観察する。口癖や質問は大きなヒント
- 直属の上司、その上の上司、その他関係者の「当たり前」を蓄積する

> 伝わる説明のための準備

目的とゴールを明確にする：
何のために、どこを目指して説明する？

何のために、どこを目指して説明する？

　説明内容をよく理解して、相手の「当たり前」もかなり把握できたとします。でもそれだけでは十分ではありません。**何のために（＝目的）、どこを目指して（＝ゴール）説明するのか**を、事前に明確にしておく必要があります。

　旅行と同じですね。何のために旅行するのか（目的）と、どこへ行くのか（ゴール）がわからなければ、どの交通手段を使って、どんな行程で行けばいいかを決められません。

　私は福岡在住ですが、仕事（目的）で東京（ゴール）へ行くなら飛行機を使います。大阪（ゴール）へ行くなら新幹線です。

　同じ大阪（ゴール）でも、友達とのんびり観光（目的）のために旅行するのであれば、小倉から大阪までフェリーで行くのもアリですね。

　説明の場面でも、目的とゴールを明確にしないまま話し始めると、話があっちに行ったりこっちに行ったり、どう言えばいいかわからなくなったりする可能性大です。そうなると、聞いている相手の方も、頭の中がクエスチョンマークだらけ（？？？）になるでしょう。

　事前に目的とゴールを明確にしておけば、**説明にどうアプローチしたらいいか＝どう話し始めたらいいのか、どの情報を、どんな言葉を使って、どんな順番で伝えていけばいいのか**などが考えやすくなります。

第1章 伝わる説明のための準備

本書での「目的」と「ゴール」

　一般的な「目的」と「ゴール」という言葉の定義とは少し違うニュアンスかもしれませんが、本書では、次のような意味で使っています。

・**目的：説明する理由＝報告、連絡、相談、依頼、確認、など**

　自分がなんで説明しようと思ったのか、「報告」しなきゃと思ったのか、「相談」したいのか、「依頼」したいからなのか。海外旅行の渡航目的（観光・ビジネス・留学など）のようにカテゴリーを明確にするイメージです。

・**ゴール：説明を聞いた相手にどうなってほしいか**

　第0章でもお伝えした、**どう「わかってもらえたら」いいのか（理解してもらう、気持ちをわかってもらう、承認してもらう、アドバイスをもらうなど）**のことですね。相手がどんな状態になるのを目指すのか、を明確に意識しましょう。

　本書では、目的とゴールを踏まえた「話し始め方」など、説明にどうアプローチすればいいか順を追って解説していきます。ここでは、準備の一つとして、目的とゴールを明確にすることが重要だとご理解いただければと思います。

> **まとめ**
>
> ### 説明の「目的」と「ゴール」を明確にしておく
>
> ■ 目的：説明する理由（報告、連絡、相談、依頼、確認、など）
> ■ ゴール：説明を聞いた相手にどうなってほしいか（理解してもらう、承認してもらう、アドバイスをもらう、など）

伝わる説明のための準備

相手とゴールを意識して 必要な情報を洗い出す

相手にどんな情報を伝えるべきか?

　説明するためには、相手に伝えるべき情報を洗い出す必要があります。

　その際、ここまでに説明のための準備として解説してきたことのうち、特に**「相手」と「ゴール」を意識すること**が大切です。

「こういう『当たり前』を持っている相手、これを大事だと思っている相手だったら、どんな情報があれば、理解してくれるだろう? 承認してくれるだろう?(=ゴール)」というように、相手の視点に立ってよく考えて洗い出します。

- 「あの人は概要しか知らないから、詳細の情報が必要だな」
- 「あの人はあれを重視する人だから、この情報も付け加えた方がいいな」
- 「あの人にはこの情報まで伝えると混乱してかえって逆効果だな」

などと、伝えるべき情報の足し算・引き算をするのです。

「自分が伝えたいこと」よりも、**目指す「ゴール」を達成するために必要なこと、「相手が知りたいこと、関心あること、判断の際に重視すること、疑問を持ちそうなこと」などを意識すること**が大切です。

第1章 伝わる説明のための準備

「6W3H」でモレを防ぐ

「この情報で足りているかな？」と感じた時には、洗い出した情報について、**6W3Hの視点からモレがないかチェック**するといいでしょう。

　具体的には、次のとおりです。

- Who（誰が）
- Whom（誰に、誰を、誰のために、誰と）
- What（何が、何を、何に）
- When（いつ、いつから、いつまでに）
- Where（どこで、どこに、どこが）
- Why（なぜ、何のために）
- How（どのように、どんなやり方で）
- How much（いくらで）
- How many（いくつ、どのくらい）

　必要な情報を整理するフレームワークとしては、「5W1H（Who、What、When、Where、Why、How）」がありますよね。

　ビジネスの場では、相手方（Whom）や金額（How much）・数量（How many）も重要な要素ですので、それらを加えてチェックすることでモレを防ぎやすくなります。

判断の要素になりやすい「メリット・デメリット」

「何かをやるかやらないか」や「AとBの案からどちらを選択するか」などの判断を相手にしてもらうのがゴールの場合、それぞれの**メリット・デメリットは重要な判断の要素**になります。

　ただ、その際に、やる判断をしてほしいから、Aを選んでほし

いからといって、選んでほしい方のメリットばかりを伝えるのが正解とも限りません。ポジティブな情報しか示されない場合、「本当にそんなにうまい話があるの？」と疑う人もいるからです。

なので、「この点だけちょっとマイナスなのですが……」などと、**あえてネガティブな情報も少し示した方が信頼につながる**こともあります。そのデメリットを提示してもなお、メリットの方が大きいというのが条件にはなりますが。

準備の段階では、そういったメリットやデメリットもきちんと洗い出したうえで、どう伝えるかを考えるといいでしょう。

説明準備シートを活用する

以上のことを、頭の中だけで整理するのは難しいかもしれません。そのため、実際に情報を洗い出す際には、何かに書き出していくことがおすすめです。

本書では、巻末に付録として「説明準備シート」というものを掲載しています（→198ページ、ダウンロードも可）。このシートを使えば、目的やゴールの整理から、6W3Hなどを踏まえた情報の洗い出しもできますので、ぜひ活用してみてください。

まとめ

「相手」と「ゴール」を重視して情報を洗い出す

- 6W3H（Who、Whom、What、When、Where、Why、How、How much、How many）でモレを防ぐ
- メリットもデメリットも重要な判断要素（ネガティブ情報を示すことも大事）

伝わる説明のための準備

練習も準備：段階的に実践する

「理解する」と「できる」は違う

　本を読んだり研修や講座を受けたりして、伝わる説明の仕方は理解できたとします。でも、それですぐに伝わる説明ができるわけではありませんよね。

　スポーツや楽器演奏などと同じで、やり方を頭で理解したからといって、できるものではありません。できるようになるためには、**インプットした（学んだ）後に、アウトプット（練習・実践）が必要**です。何度も何度も練習したり、実践したりすることで、少しずつ身についていくものです。

段階的に練習・実践する

　伝わる説明の仕方には、様々な意識すべきことやテクニックがありますが、一度にすべてを身につけるのは難しいです。

　本書は、**第2章から第4章までをレベル別に構成**しており、**段階的に身につけられる**ようになっています。それぞれの項目の解説の後には、実際にやってみていただくための**「練習問題」も用意**していますので、まずは、本書を使って一つずつ実践練習してみてください。

　そして、職場やプライベートでも、誰かと話す機会、説明する機会がある度に、本書の内容のできそうなところから実践していただくといいと思います。その積み重ねが、技術の向上につながっていきます。

　このような練習の一つひとつが、伝わる説明をするための大切

な準備でもあるのです。

リハーサルは自信につながる

初めての相手に電話をかけるとき、何を言うかメモして事前にセリフを練習したことはないでしょうか。何をどう伝えるかの準備ができたとしても、不安だったら口に出して練習してみるのが一番です。それがリハーサルになり、自信にもつながりますし、そこで改善点に気付くこともあります。

特に**プレゼンなど人前で話す場合は、リハーサルが必須**です。かのスティーブ・ジョブズでも、プレゼン前には綿密なシナリオを作り、何度も何度もリハーサルを行ったそうです。テレビで見る漫才師たちだって同じですよね。直前まで舞台袖で練習しているシーンを、テレビで見たことがある人も多いのではないでしょうか。

リハーサルは、可能なら**誰かに見てもらってフィードバックをもらえるといい**ですね。そういう人がいなければ、自分で録画してみるのもいいでしょう。例えばZoomを使えば、資料を画面共有しながらプレゼンするのを録画して、自分で見返すことが簡単にできます。フィードバックをもらったり見返したりして気付いたところを改善すれば、より良いプレゼンになるでしょう。

リハーサルを重ねた分だけ自信につながりますので、人前で話す機会がある場合は、ぜひリハーサルをやってみてくださいね。

> **まとめ**
>
> **「段階的な練習・実践」と「リハーサル」も準備**
>
> ・・
>
> ■ 本書を使って段階的に練習 → 職場やプライベートでも少しずつ実践を積み重ねる
> ■ プレゼンではリハーサルが必須 → 自信につながる

第1章 伝わる説明のための準備

Column

報告や相談のタイミング

　上司に話しかけても「忙しいから後にして」と言われたなど、報告や相談のタイミングに悩んだことはないでしょうか。報告や相談は、業務スケジュールを意識して適切なタイミングで行う必要がありますが、相手の状況に配慮することも大切です。

　自分に置き換えて想像してみるといいかもしれません。自分だったら、どんなタイミングで話しかけられるとイヤでしょうか。

　一般的には、**次のようなタイミングは避けた方がよい**と考えられます。

> 出社直後・退社直前・会議や打ち合わせの直後・重要な会議や商談の直前・明らかに忙しそうな時・感情的になっている時や機嫌が悪い時・締め切り直前・疲れている様子が見える時　など

　直属の上司など、頻繁に報連相をする必要がある相手に関しては、話しかけても差し支えないタイミングかどうか見極められるよう、普段からよく観察しておくといいでしょう。

　例えば、コーヒーを飲んでいたり、回覧物や資料を読んだりしているときは機嫌よく聞いてくれるとか、集中してPCを打ってなければ大丈夫とか。

　ただし、**トラブルなど緊急度が高い案件については例外**です。対応が遅くなれば会社全体に悪影響を及ぼす可能性もあります。上司が多少忙しそうにしていたとしても、悠長にタイミングを見計らわずに、早急に報告して対応の相談をするのが賢明です。

第 2 章

最重要レベル

「何が言いたいの?」
をなくす「型」

最重要レベル

話し始め「型」：
テーマと目的（＋ゴール）の共有

「何が言いたいの？」をなくすにはスタートが大事

　一生懸命に話をしているつもりなのに、「何が言いたいの？」と相手に言われてしまう。こんな経験がある人も多いのではないでしょうか。

　そういった「伝わらない」「イライラさせる」をなくすには、**「話し始め方」が最重要ポイント**と言っても過言ではありません。

　まず、次のAさんの話し始め方を読んでみてください。

> Aさん 「あ、課長、今ちょっとよろしいですか。先週はうちのチーム、ちょっとバタバタしてたんですけど、いくつか難しい課題がありまして……。それと、途中で予想外の問題も起きたんですよ。でも、まあ、なんとか大丈夫そうではあるんですが……。あ、○○業務のことなんですけど……」

　いかがでしょうか。

　こんな話し始め方だと何を言いたいかわからず、イライラしてしまう人もいそうですよね。

　これはひどい例だとしても、似たような会話はあちこちで行われているような気がします。

　何の話が始まったのかわからなければ、相手は、「この人は何が言いたいんだろう」「私に何をしてほしいの？」と考えながら、話に集中できずに聞くことになるかもしれません。

そして、最後の最後に「それで、アドバイスいただけますか？」と言われたときには、「あ、相談だったんだ。で、アドバイス？え、何が問題だったっけ？」なんてことになる可能性もあります。

「テーマ」「目的」＋「ゴール」の共有

そうならないためには、あなたが今から**何について**話すのか（**テーマ**）、**何のために**その話をするのか（**目的**：「相談したい」「情報共有したい」など）を話し始める際にしっかりと相手と共有することが大切です。

このステップを踏むことで、相手は何の話が始まるかがわかるので心構えができ、報告なら「報告内容をしっかり把握しよう」、相談なら「相談に乗ってあげよう」と関心を持って話を聞くことができます。

そして、話を聞いた**相手にどうしてほしいのか（ゴール**：「アドバイスをもらいたい」「承認してほしい」など）まで伝えることができれば、なお良いですね。相手も、自分が何を求められているかが明確になるからです。

第1章でも述べたとおり、説明のための準備として「目的とゴールを明確にする」ことが、話し始め方のためにも必要なのです。

では、先ほどのAさんの話し始め方を改善してみましょう。

Aさん「課長、○○**業務の運営について（テーマ）ご相談したい（目的）**のですが、今、少しよろしいでしょうか」

課長「うん、いいよ」

Aさん「今回は特に**リスク管理**の部分で**問題**があって、**課長にご助言いただけないか（ゴール）**と思ってます。まず先週

第2章　最重要レベル：「何が言いたいの？」をなくす「型」

37

のことですが、……」

　このように話し始めることで、この上司は、「なるほど、○○業務のリスク管理について助言が欲しいんだな」と最初から理解できます。

　この話し始め方は、「何が言いたいの？」をなくすだけでなく、**相手の「聞く姿勢を作る」**ことにもつながるため、非常に重要なのです。

会議やプレゼンでも

　これは、報告や相談の場面だけではなく、会議やプレゼンの場でも有効です。会議やプレゼンをだらだらとしたものにしないためにも、上記のポイントを押さえた始め方を意識しましょう。
　ある講演会の企画会議を開催するとした場合の、会議の始め方の例です。

> 「皆さん、今日は**次回講演会の講演者**について（テーマ）、**候補者の提案をしていただくため**（目的）に集まっていただきました。**10時半までに**、講演会のテーマを踏まえた**候補者を3人は出していただいて優先順位まで決めたい**（ゴール）と思っています」

　このように冒頭で、会議のテーマと目的、さらに具体的なゴールを示すことで、参加者が同じゴールに向けてお互いに協力する雰囲気ができます。また、**目標時間の提示は、話の脱線や無駄に長い会議になることを防ぐ効果**もあります。
　プレゼンでも同様です。最初にプレゼンのテーマと目的（新サー

ビスの紹介や業務改善の提案など）、そしてプレゼンの終わりに参加者から得たい反応など（ゴール：導入を検討してほしい、提案に賛同してほしいなど）を明確に伝えることで、より関心を持って話を聞いてもらうことができるでしょう。

所要時間の提示

会議の事例で目標時間の提示のことに触れましたが、これは、**日常の報連相の場面**でも可能な範囲で使うことをおすすめします。

例えば、「今、ちょっとお時間よろしいですか」のところを「今、**3分ほどよろしいですか**」などと具体的な時間を示すのです。

すると、話しかけられた方も、「ちょっと忙しいけど3分ならいいよ」と話を聞いてくれるかもしれません。話しかけた方も3分で終わらせるために効率的に話そうという意識が働いて、お互いのタイムマネジメントにも役立ちます。

とはいえ、思いがけず話が広がったりすることもあって所要時間の見積もりは結構難しいですよね。できる範囲で、目安時間を伝えることもチャレンジしていただければと思います。

> **まとめ**
>
> ### 話し始め「型」
> ....
>
> ■ **何について**話すのか（テーマ）＋**何のために**その話をするのか（目的）＋**どこを目指して**話すのか（ゴール）（＋所要時間）を**相手と共有する**
>
> **参考フレーズ**
>
> 　　　　　　　　（さん、課長、部長）、　　　　　　　　について
> 　　　　　　　（ご相談・ご報告）があるのですが、今、　　　　分
> ほどお時間よろしいでしょうか。
> 　　　　　　　　いただきたいと思っています。

第2章　最重要レベル：「何が言いたいの？」をなくす「型」

Let's Try!

話し始め「型」：練習問題

次の各場面において、あなただったらどのように話し始めますか？ 前ページの**「型」**を使って考えてみましょう（所要時間は言及してもしなくてもOKです）。

回答例は様々考えられますが、それぞれの問題の後に1つの事例を示しますので参考になさってください。

練習問題1 夏季休暇の取得時期の相談

あなたは、**夏季休暇の取得時期**について、上司に**相談**しようとしています。どのように話し始めますか？

回答

回答例

「係長、**夏季休暇の取得時期**のことでご相談よろしいですか？ 差し支えなければ、**今月下旬○日〜○日の○日間、休ませていただきたい**と思っています。その間の業務については……」

[**解説**]

この場合の各要素について改めて整理すると、テーマは「夏季休暇の取得時期」、目的は「相談」です。そして、ゴールは「今月下旬（○日〜○日）に休むのを認めてほしい」ということですね。

このゴールを達成するための情報（業務の状況や引継ぎの対応な

40

ど）は、この後に伝えていくといいでしょう。

練習問題2　**プロジェクトの進捗報告**

あなたは、チームミーティングで、**プロジェクトAの進捗状況**
について**報告（これまでの成果と課題の情報共有）**をすることにな
りました。報告後には、**課題への対応方法についてメンバーから
の意見を聞きたい**と思っています。どのように話し始めますか？

回答

回答例

「今日は、**プロジェクトAの進捗状況**の**報告**ということ
で、これまでの**成果と課題について情報共有**をいたしま
す。そのうえで、**課題への対応方法について皆さんのご
意見を伺いたい**と思っていますのでよろしくお願いしま
す。それでは、具体的に説明します。」

[　**解説**　]

この場合のテーマは「プロジェクトAの進捗状況」、目的は「報
告（これまでの成果と課題の情報共有）」ですね。そしてゴールは、「課
題への対応方法についてメンバーからの意見を聞きたい」となり
ます。

このようなゴールを先に提示することで、メンバーは、課題に
対してどう対応したらいいかを意識しながら報告を聞くことがで
きるでしょう。

41

最重要レベル

本題の伝え「型」：結論から話す

本題の最初に結論

　例えば、上司に自分が出席した会議について報告するとします。話し始めで「○○会議、いま終わりましたのでご報告します」と、テーマと目的を伝えたら、本題に入ります。

　この場合の、本題の伝え方の例を読んでみてください。

> 「会議が始まって、○○課から〜〜についての報告があった後に、うちの課から提案している○○の企画の説明を求められました。私の方で、AとBの2案の説明をしたところ、田中さんから、Bについて〜〜という質問があったんですね。それで、〜〜と答えました。他には、鈴木さんから、Aについて〜〜という意見が出まして。それには、〜〜という対応策を説明しました。それで、最終的には、A案の方で進めるということで承認されました。」

　いかがでしょう。途中で、「結局何がどうなったの？」と言いたくなりませんか？

　そう思われないためには、本題に入ったら、基本的には**「結論」から話す**ように心がけることが大切です。**「結論」とは、あなたがその説明の中で相手に一番伝えたいこと。**

　上記の例なら、「うちの課から提案している○○の企画については、A案の方で進めるということで承認されました」を先に伝

えるということです。その後、必要なら、そこで出た質問や意見についても伝えるといいでしょう。

　ビジネスでの話し方として、「結論から話す」というのはよく言われます。忙しい人が多く、効率性が求められるビジネスの場では、それが基本なのです。
　もちろん、その結論に至る理由や経緯も大事です。でも、上記の事例のように結論の前に長々と経緯を話していると、相手に「だから何？」とイライラされてしまうかもしれません。忙しい相手ならなおさらです。
　先に結論を伝えれば、相手も「なるほど、それが言いたいのか」と、まずは理解できます。そうなれば、「じゃあ、なんでそういう結論になったのかを聞いてやろう」と、続きを聞く姿勢になってくれるはずです。

　なお、基本的には結論から話すことを意識するといいのですが、「いつも必ず」というわけではありません。これについては、第4章「効果的な結論の持ってき『型』」（→188ページ）で改めて解説します。今、気になる方は、そちらもあわせて読んでみてください。

結論の見つけ方

　結論から言うのが大事だとわかっていても、なかなかそれができない、といった経験がある人も多いと思います。それはなぜなのか。
　大きな原因はおそらく、「自分で何が一番伝えたいのかわかっていない」とか「頭に浮かんだ順に話してしまう」からではないでしょうか。そして、そうなる理由は、**自分の伝えたいことの整**

理ができていないからでしょう。

　だからこそ、事前の準備が大切です。相手やゴールを踏まえて必要な情報を洗い出す際に、結論も見つけておきましょう。

▶▶「ゴールの近く」を探す

　結論は「ゴールの近く」にあることが多いです。
「話し始め『型』」として、始めの方で「ゴール」を伝えることをおすすめしましたが、そのゴール自体が「結論」となっていることもあります。

　例えば、40ページの練習問題の回答例。
「今月下旬○日～○日の○日間、休ませていただきたいと思っています」がゴールでしたが、それが一番伝えたい結論でもありますよね。
「承認してほしい」や「意見が欲しい」などがゴールの場合、その承認や意見を求める対象の内容が結論です。
　この事例の場合は、厳密に分けると「今月下旬に休みたい＝結論」＋「それを承認してほしい＝ゴール」ということです。ゴールとして結論も含めて述べているので、「結論から話す」がすでにできていることになります。

▶▶ 時間が10秒しかなかったら？ と考える

　話す時間が無限にあると思うと、結論を探すよりも「あれもこれも伝えればいい」と考えてしまうかもしれません。
　なので、「仮に10秒しか話す時間が与えられなかったら何を伝えるだろう？」と考えてみるのです。そうすると、どうしても伝えたいこと、つまり結論が見えてくるのではないでしょうか。

▶▶ 結論を見つける練習をする

結論を明確にするのがなかなか難しいと感じる場合は、**普段から結論を見つける練習**をしてみましょう。

日常の中で練習できる場面はたくさんあります。

例えば、ミーティングに出席したら、「今のミーティングでは結局何が一番大事な話だっただろう」と考えてみる。職場で話しかけてきた人がいたら、「この人が一番言いたいことは何だろう」と考えながら聞く。テレビに出ているコメンテーターなどの話を聞きながらやってみてもいいですね。

普段の会話でも、自分が話すときにはいったん結論を考えてから話すようにするのも、とてもいい練習になります。それを繰り返すうちに、結論を見つけるのが自然と上達するはずです。

また、口頭で話す際ばかりではなく、メールや報告書などを書く際にも結論から書くことを意識するといいでしょう。

特に長文になりがちなメールでは、本文の始めの方で結論を書くことで、読み手は内容を素早く理解できます。日々のメールを書く際にも実践することで、口頭説明の練習にもなり、メールもわかりやすくなるといった一石二鳥が期待できます。

> **まとめ**
> ### 本題の伝え「型」
>
> ....
>
> ■ 結論から話す
> ■ 結論は、ゴールの近くにあることが多い。または、10秒しかなかったら? で考えてみる
> ■ 普段から結論を見つける練習をする

Let's Try!

本題の伝え「型」:練習問題

　次のそれぞれの場面で、求められたことに対して説明を始めてみましょう。**結論から述べて、次に続く一文まで**考えてみてください。具体的な内容は自由です。

　自分で考えてみた後に、それぞれの問題の後に示す回答例を参考にしてみてください。

練習問題1　新ツール導入の可否

　あなたは、チームミーティングで、**新しいツールの導入に賛成か反対かについて**意見を求められました。賛成か反対か、立場を決めて意見を伝えましょう。

回答	

回答例	「私は、<u>新しいツールの導入に賛成</u>です。理由は、業務効率が格段に向上するからです。」

［ 解説 ］

　ここでは、新しいツールの導入に賛成か反対かの意見を求められているので、まずは、自分が賛成なのか反対なのかを結論として述べます。続けて、その結論に至った理由を述べるといいでしょう。

46

練習問題2 **プロジェクトの進捗報告**

　あなたは、現在進行中のプロジェクトの担当者です。上司から**プロジェクトの進捗状況について**尋ねられました。どのように答えますか？

回答

回答例 　「プロジェクトは、当初の計画どおり順調に進んでいます。現在は〜〜に取り組んでいるところです。」

[解説]

　この場合、上司が最も聞きたいであろうこと＝「プロジェクトは順調に進んでいるかどうか」を結論として最初に伝えます。続けて、現在がどの工程なのかや、具体的にどう順調なのか（またはどう遅れているのか）などを述べるといいでしょう。

最重要レベル

わかりやすい言葉の使い「型」

相手がわかる言葉を使う

△ 「御社の**コアコンピタンス**である世界的な流通ネットワークを活かした**グランドデザイン**を提示して、**ステークホルダー**の**コンセンサス**を得ましょう。」

この文章、どれくらいの人がスッと理解できるでしょうか。

いくら話しかけ方や説明の順番がわかりやすくなっても、使う言葉がわからなければ当然相手には伝わりませんよね。知らない単語が一つ出てきただけで、相手の頭の中には「？」が浮かび、その先の説明が入ってこなくなってしまいます。そうなった時点で、説明は中断されたも同然です。

最後まで聞いてもらって全体を理解してもらうためには、**相手が理解できる言葉を使う**必要があります。

第1章でもお伝えしたように、相手の視点に立って、相手はすでにどんな知識を持っているか、どんな言葉なら理解できるかを考えながら言葉を使うことが大切です。**「相手の頭の中にある辞書」に載っている言葉を使う**、というイメージです。

相手の状況がわからない場合は、まずは、中学生でもわかるようなシンプルでわかりやすい言葉を使うように意識します。低めから入って、相手の表情や質問、返ってくる言葉などを観察しながら、状況によってレベルを少し上げていくなどするといいかも

しれません。

　冒頭の文章であれば、次のように伝えれば多くの人は理解できるでしょう。

○　「御社の**中核的な強み**である世界的な流通ネットワークを活かした**全体構想**を提示して、**利害関係者**の**合意**を得ましょう。」

専門用語、略語、カタカナのビジネス用語に注意

　特に注意すべきは、専門用語、アルファベットの略語、カタカナのビジネス用語です。

　相手が社内や同じ業界の人なら、その中で皆が常識的に使っている専門用語や略語、ビジネス用語を使ってもあまり問題はないでしょう。外部の人でも、これまでの会話で相手がその言葉を理解できていることがわかる場合も同様です。

　しかし、そうでなければ、①**誰もが理解できる別の言葉で表現するか**、②**意味を補足しながら使う**などの配慮が必要です。

　例えば、「SEO対策を強化する必要があります」と言いたいとします。「SEO」という言葉を知らないかもしれない人が相手であれば、次のように言い換えると理解しやすいですよね。

○　①別の言葉で：**「Googleなどの検索エンジンで上位に表示されるための対策**を強化する必要があります」
　②意味を補足しながら：**「SEO対策、これはGoogleなどの検索エンジンで上位に表示されるための対策ですが、それを強化する必要があります」

普段使っている言葉を振り返る

私が研修講師になりたての頃、契約していた研修会社の担当者から「今度、○○のテーマの研修を**アサイン**させていただきますね」と言われたことがあります。

「アサイン」という言葉、なんとなく意味は分かったものの、私が勤めていた組織では使われない言葉だったので、後で検索してみました。「任命する」「割り当てる」という日本語を見て、腑に落ちた思い出があります。

専門用語やビジネス用語は、入社した時から社内で当たり前に使われていることも多く、だんだん自分にとって「普通の言葉」になっていきます。そうやって、社外の人には通じない言葉かもしれない、という意識が薄まってしまうことも多いです。

なので、**自分が普段使っている言葉は、社外の人にも同様に理解される言葉なのか、折に触れて振り返ってみる**ことが大切です。

特に入社してから知った言葉は社外の人には通じない可能性もあるので、別の言葉ならどう言い換えられるか、考えてみることをおすすめします。

まとめ

わかりやすい言葉の使い「型」

....

- 相手がわかる言葉＝「相手の頭の中にある辞書」に載っている言葉を使う
  → 相手の状況がわからなければ、中学生でもわかるシンプルでわかりやすい表現を使う
- 特に、専門用語、アルファベットの略語、カタカナのビジネス用語に注意

Let's Try!

わかりやすい言葉の使い「型」：練習問題

次のそれぞれの言葉を、わかりやすく言い換えてください。

① 「**リスクマネジメント**が必要です。」

回答	

回答例	「**危機管理を行う**必要があります。」 「**問題が起きないよう事前に対策を考え**ましょう。」

② 「**フィードバック**していただけますか。」

回答	

回答例	「**ご意見**をいただけますか。」 「**良かった点や改善点**を示していただけますか。」

③ 「**プライオリティ**を考えて作業しましょう。」

回答	

回答例	「**優先順位**を考えて作業しましょう。」 「**重要な順、急ぐ順**を考えて作業しましょう。」

第**2**章　最重要レベル：「何が言いたいの？」をなくす「型」

51

最重要レベル

具体的な話し「型」：
数字や固有名詞を使う

抽象表現、特に形容詞や指示語に注意

△ 「**今日中**に、**新しい**顧客に**最近**の資料を送っておいて」

　こう説明された場合、ある人は、18時（定時）までに、直近で契約した顧客1社に、最新製品のパンフレットを郵便で発送するかもしれません。

　またある人は、23時59分までに、1か月以内に契約した顧客全員に、半年分の新製品の紹介資料をメールで送信する可能性もあります。

　第0章でも述べたように、話し手・聞き手のフィルターや日本語の曖昧さのおかげで、冒頭のような表現では伝わらないのが当たり前。相手によって受け取り方は様々で、話し手の期待どおりに理解して実行するのは難しいでしょう。

△ 「資料は**少し多め**に用意しておいて」
　→2部だけ多めに用意する人もいれば、10部くらい多く用意する人がいるかもしれません。

「**あの件**、進んでる？」
　→A社との交渉の件と受け取るかもしれないし、来月のイベントのことだと思うかもしれません。

このように、「少し多め」などの**形容詞**、「あの件」といった**指示語**は、**何通りにも受け取り方がある表現なので特に注意が必要**です。

数字や固有名詞を使って具体的に話す

相手に誤解なく理解してもらうためには、できるだけ具体的に話すことが大切です。

最も簡単で効果が高いのは、**数字や固有名詞を使う**こと。

冒頭の例なら、次のように伝えれば、ほとんどの人が明確に理解して実行できますよね。

○ 「今日の18時までに、新しい顧客のA社に、最新のB製品も載っているデジタルカタログをメールで送っておいて」

日時や数量、金額などの数字は、客観的で明確であり、説得力も生まれます。

人名、地名、国名、会社名、商品名などの固有名詞は、イメージをより鮮明にし、誤解を防ぎます。

このように、数字や固有名詞を使えば、人による理解の差がほとんどなくなり、効率的・効果的に情報を伝えることができるのです。

> **まとめ**
>
> **具体的な話し「型」**
>
> ■ 抽象的表現（特に形容詞や指示語）だけでは伝わりにくい
> ■ 数字や固有名詞（人名、地名、国名、会社名、商品名など）を使って具体的に話す

Let's Try!

具体的な話し「型」:練習問題

　以下の曖昧な指示や説明を、数字や固有名詞を使って具体的に伝える形に直してみましょう。

　誤解なく相手に伝わる表現であればOKなので、**どう具体的にするかは自由に**考えてみてください。

① 「**あの**打ち合わせの内容、**早めにまとめて**ください。」

回答	

回答例	「昨日の営業部の打ち合わせの内容を、今日の17時までにA4用紙1枚にまとめてください。」

② 「**最近**の売上が**減少傾向**にあります。」

回答	

回答例	「先月の売上が全体で前月比10%減少し、特にA製品の売上が20%減少しています。」

③「**最近、製品購入者からのクレームが多い**です。」

回答	

回答例	「**今月に入ってから、B製品に関する**購入者からのクレームが**30件も**寄せられています。」

④「明日の**午後一**に、**この前のところ**で待ち合わせしましょう。」

回答	

回答例	「明日の**13時**に、**東京駅の丸の内北口**で待ち合わせしましょう。」

⑤「**今日、少し**お時間いただけますか？」

回答	

回答例	「今日の**午後2時から5時の間のどこか**で、**30分くらい**お時間いただけますか？」

第2章 最重要レベル：「何が言いたいの？」をなくす「型」

55

最重要レベル

聞き手が受け取りやすい話し「型」： 一文を短く

長い文章は受け取りにくい

あなたは、普段自分がどれくらいの長さの文章をしゃべっているか、意識したことはありますか？ もし、意識したことがなければ、ひょっとするととても長い文章をしゃべっているかもしれません。

「私が長く在籍したのは秘書室で、そこでのメインの仕事としては、役員のスケジュール管理や、会議の運営、来客対応、関係各所との連絡調整などが挙げられますが、他にも役員が出席する様々な行事に随行したり、役員の指示に基づいてプレゼン資料や挨拶文を作成したりする機会も多くて、とても忙しい部署ではありましたが、私自身にとって非常に学びの多い貴重な経験を積むことができました。」

これは、私がかつて在籍していた秘書室の仕事について述べた文章です。

このように、「〜で、」「〜が、」でどんどんつながれて、**なかなか「。」が来ない文章**。情報量が多すぎて受け取りにくい、意味を捉えるのが難しいと感じるのではないかと思います。

人は、「〜は、」と話が始まったら、途中で出てくるワードを覚えながら「〜です。」とその文章が終わるのを待っています。「。」で文章が終わるごとに、一旦、そこまでを消化するイメージです。

それなのに、なかなか文章が終わらなくて、たくさんの情報がどんどん追加されていくと、全部の情報やそれぞれの関係性を覚えていられなくなってしまいます。ようやく「〜でした。」と終わったときには、もうどんな話だったかわからなくなっているかもしれません。

一文が長くなるほど、相手は理解できなくなる可能性が高まるということです。

一文を短くする

話の内容をきちんと伝えたいのであれば、相手が理解するのに負担がかからないよう、受け取りやすいように**一文を短く**します。できるだけ、1つの文章では1つのメッセージだけを伝えるようにするといいでしょう。

つまり、「**ワンセンテンス・ワンメッセージ**」です。**一文一義**とも言いますね。

冒頭の事例を、一文一義に分解してみましょう。

「私が長く在籍したのは秘書室です。そこでのメインの仕事としては、役員のスケジュール管理や、会議の運営、来客対応、関係各所との連絡調整などが挙げられます。他にも役員が出席する様々な行事に随行したり、役員の指示に基づいてプレゼン資料や挨拶文を作成したりする機会も多かったです。秘書室は、とても忙しい部署ではありました。しかし、私自身にとって非常に学びの多い貴重な経験を積むことができました。」

主語や接続詞を補ったりしていますが、ずいぶん理解しやすくなったのではないかと思います。

意識して「。」を打つ

油断すると、つい長い文章を話してしまう。という自覚がある場合は、ぜひ、**意識して「。」を打ちましょう。**

「〜で、」と言いそうになったら、「おーっと！」と気付いて「〜です。」といったん終わらせるようにするのです。

ちなみに、冒頭の文章は1つの文で181字です。一文一義に分解した文章は、5つの文に分かれて、文字数は16字〜60字です。

文字数まで数えながらしゃべることはありませんので、とにかく、**「一文一義」と「意識して『。』を打つ」を実践**しましょう！

まとめ

聞き手が受け取りやすい話し「型」
....

- 一文を短く。一文一義
- 意識して「。」を打つ

Let's Try!

聞き手が受け取りやすい話し「型」：練習問題

次の長い文章を、伝わりやすくなるよう**短めの文章に分解**してみましょう。必要に応じて**適切な接続詞**を補ってください。

練習問題1　**新システムの導入**

「新しいシステムの導入により、業務の効率化が図られることが

期待されていますが、まだ操作に慣れていない社員が多いため、まずは全社員に対して十分な研修を行い、システムの使い方を習得させることが重要です。」

回答例

「新しいシステムの導入により、業務の効率化が図られることが期待されています。**一方で**、まだ操作に慣れていない社員が多いです。**そのため**、まずは全社員に対して十分な研修を行い、システムの使い方を習得させることが重要です。」

練習問題2 プロジェクトのトラブル対応

「プロジェクトの進行中に予期せぬ問題が発生することがありますが、その場合は迅速に状況を確認し、問題の原因を突き止めたうえで対応する必要があり、再発防止策を講じることも重要で、そのためには、普段から効果的なコミュニケーションを図ることが大切であり、いざ問題が起こった場合は、チーム全員で問題解決に向けて協力してください。」

回答例

「プロジェクトの進行中に予期せぬ問題が発生することがあります。その場合は迅速に状況を確認し、問題の原因を突き止めたうえで対応する必要があります。**さらに**、再発防止策を講じることも重要です。そのためには、普段から効果的なコミュニケーションを図ることが大切です。**そして**、いざ問題が起こった場合は、チーム全員で問題解決に向けて協力してください。」

最重要レベル

混乱の防ぎ「型」：
余計なことは言わない

情報は多ければいいというわけじゃない

　情報をたくさん持っていることは素晴らしいのですが、それをすべて伝えようとするとかえって相手を混乱させてしまうことがあります。

　プレゼンで「あれもこれも伝えよう」と関連情報を大量に盛り込んだ結果、肝心なメッセージが埋もれてしまった経験がある人もいるでしょう。

　情報が多すぎた場合、**相手が受け取れる分量を超えたものは、取りこぼされてしまう**可能性が高くなります。本当に伝えたかった大事な情報が、埋もれたり取りこぼされたりしてしまったら、せっかく伝えても意味がないですよね。

　さらに、**余計な一言**を伝えたせいで、思わぬ事態に発展することもあります。

　例えば、話の最後に「ちなみに、〜〜という別案もあったんですけどね」なんて言ったら、「え、それの方がよさそうだけど、なんでこっちになったの？」「それを詳しく聞かせて」「もう一度検討して」などと、面倒な展開になってしまう可能性もあります。

　その情報が本当に必要かどうか、よく考えることが大切です。

ポイントは3つまで

　相手に伝えるポイントは3つまで、が基本です。

　これは、心理学で「マジカルナンバー」と呼ばれる現象と密接

に関係しています。マジカルナンバーとは、人間の短期記憶で覚えられる情報のかたまりの個数を示したものです。人は、一般的には「4±1」個（＝3〜5個）の情報なら短期的に覚えておけるのだそうです。つまり、**3つまでなら多くの人が覚えられる**ということ。

　例えば、「三大河川」や「三大欲求」といった「三大○○」という言葉、よく耳にしませんか？　ほかにも「御三家」や、「三種の神器」のように、3つの要素で構成される言葉はたくさんありますよね。

　ちなみに、初夢で見ると縁起がいいとされている「一富士二鷹三茄子（いちふじ・にたか・さんなすび）」という言葉には、実は続きがあります。4番目以降は、「四扇五煙草六座頭（しおうぎ・ごたばこ・ろくざとう）」なのですが、多くの人が知っているのは最初の3つだけではないでしょうか。

　このように、重要なポイントは3つに絞って伝えると、多くの人にとって理解しやすく、記憶にも残りやすくなるのです。

洗い出して絞る

　第1章の準備のところでも述べたように、相手が誰で、何を知りたいのかを意識して情報を洗い出します。そのうえで、相手にどうなってほしいのか＝ゴールを意識して、**本当に必要な情報に絞る**ことが大切です。

　洗い出した情報は**重要度のレベル別に整理しておく**といいですね。例えば、「必須情報」「補足情報」「参考情報」といった感じで分けて準備しておけば、必要なときに適切な情報をすぐに引き出して伝えることができるでしょう。

　「念のため」や「参考までに」といった情報は、基本的には、最初に伝えなくてもいいものです。相手が興味を示した場合や、質

問されたときに答えられるように準備だけしておけば十分で、話せる残り時間や、相手の興味や理解度に応じて、伝える情報を調整すればいいでしょう。

ただし、大きな情報レベルだけ意識していると、文章中の主語（「誰が」）や目的語（「誰に」「何を」）など、**必要な単語レベルの情報が漏れる**ことがあります。その単語がないために伝わらないということもよく起こりますので、そこも気をつけてください。

まとめ

混乱の防ぎ「型」

- 余計なことは言わない。ポイントは3つまで
- 相手とゴールを踏まえ情報を洗い出して絞る。重要度のレベル別に整理しておく

Let's Try!

混乱の防ぎ「型」：練習問題

次の場面で、相手に伝えるべき情報を選びましょう。

[**場面**]

あなたは、電話で顧客から新しいオフィスチェアの特徴について尋ねられました。

顧客は忙しいためポイントだけ知りたいと言っており、特に「**長時間座っていて問題ないか**」と「**デザインはどんな感じか**」を気にしています。

新しいオフィスチェアには、以下のような、素材、デザイン、

機能など多くの特徴がありますが、この中から**顧客に最初に伝えるべき情報を3つ**選んでください。

- ①高品質のメッシュ素材で、通気性が良く蒸れにくい
- ②工具不要で簡単に組み立てることができる
- ③最大150kgの体重に耐える頑丈なフレーム
- ④シンプルかつモダンなデザインで、10色のカラーバリエーションがある
- ⑤360度回転機能があり、動きやすい
- ⑥腰や背中への負担を軽減するサポートがしっかりしており、疲れにくい設計
- ⑦価格が競合製品と比較してリーズナブル

回答例

相手が何を気にしているか（知りたがっているか）わかっているなら、その視点から情報を選びます。

■「長時間座っていて問題ないか」の視点から選ぶ情報
①高品質のメッシュ素材で、通気性が良く蒸れにくい
⑥腰や背中への負担を軽減するサポートがしっかりしており、疲れにくい設計

■「デザインはどんな感じか」の視点から選ぶ情報
④シンプルかつモダンなデザインで、10色のカラーバリエーションがある

第2章　最重要レベル…「何が言いたいの？」をなくす「型」

63

公式の型　概要

公式の「説明の型」を活用しよう

実はたくさんある公式のような「説明の型」

　本書では、伝わりやすい説明の仕方のポイントを大事な順・難易度順にお伝えしていますが、世の中には、実はたくさんの「説明の型」もあります。

　「説明の型」とは、「公式」のように便利に使えるツールだと思っていただくといいでしょう（以下、「公式の型」と記載することとします）。

　そのような公式の型を使うことで、伝えたい内容をわかりやすく整理したり、話の抜け漏れや脱線がなく説明をしたりすることができます。説明するのが難しいと感じている人や自分の考えを整理するのが苦手な人にとっても、心強い助けになるものです。

　また、聞き手にとっても内容を理解しやすくなるので、コミュニケーションがスムーズに進みやすくなります。

　つまり、公式の型は、**話し手にとっても聞き手にとっても、「わかりやすい説明のための便利な道具」**なのです。

　いつも公式の型を使うべき、ということではもちろんありません。必要な情報を整理したうえで相手にわかりやすく伝えることができるなら、それでいいわけです。

　でも、便利な道具があるなら、持っているに越したことはありませんよね。

様々な場面で活用できる

　本書では、第2章〜4章の最後に、各章の内容や難易度に合わせた公式の型を2つまたは3つずつ紹介します。

　それぞれの型には、その型を使うのに有効な場面があります。複数の型を知っていると、

- 日常の報告・連絡・相談
- 会議
- プレゼン
- 交渉
- 営業

など、幅広いシチュエーションで活用することができるでしょう。

　また、本書で紹介する「型」をテンプレートにしたものを付録として巻末につけています。PDFをダウンロードしていただくことも可能です（→2ページ）。このテンプレートを使っていただくことで効率的に説明の準備ができるはずです。

　ぜひ、これらの公式の「説明の型」を活用してみてください。これらが、あなたにとって価値ある「アイテム」となることを願っています。

公式の「説明の型」初級編①

ホールパート法
[〜は3つあります]

ポイントを複数伝える

最初に紹介するのは、**ホールパート法**です。ホールパート法は、話の全体像を最初に示してから説明していく手法で、**伝えたいポイントが複数ある場合**によく使われます。

構成は次のとおりです。

- **ホール（Whole＝全体）**：話の全体像
- **パート（Part＝部分）**：各パートの詳細
- **ホール（Whole＝全体）**：まとめ

最初に話のポイントがいくつあるかの全体像（ホール）を提示し、次にそれぞれの詳細（パート）を説明して、最後に再度全体のまとめ（ホール）を行います。

具体例を見てみましょう。

ホール

新製品で改良された点は3つあります。

パート

1点目は、軽量化です。従来品よりも100g軽くなりました。
2点目は、バッテリーの持続時間が長くなりました。1回の充電で、これまでより3時間長く使えます。

3点目は、操作がより簡単になっています。これまで3ステップ必要だったところが、2ステップの操作で動くようになりました。

ホール

以上のように、新製品は非常に使いやすく、効率的なものとなっています。

このように、最初に全体像を提示することで、聞き手はこれから何についてどれくらい説明されるのかを把握でき、安心して聞くことができます。

次に、それぞれの詳細を順番に説明すると、内容を追いやすく、一つひとつのポイントについて具体的に理解できます。

最後に、改めて全体をまとめることで、聞き手は再度全体像として受け止め、情報の整理がしやすく、記憶にも残りやすくなるのです。

ホールパート法は、**最もチャレンジしやすく効果的な型**と言えるかもしれません。複数の内容を伝えたい場合は、ぜひ使ってみてください。

公式の「説明の型」初級編②

PREP法
[まずは結論を述べる]

提案やプレゼンに

次に紹介するのは、**PREP法**です。第2章で「結論」から述べることの重要性をお伝えしましたが、この方法はまさに**「結論」から述べる代表的な型**となっています。

構成は次のとおりで、それぞれの頭文字をとってPREP（プレップ）法と呼ばれています。

- **Point（結論）**：（結論は）〜です。
- **Reason（理由）**：なぜなら（理由は）〜だからです。
- **Example（具体例）**：例えば（具体的には）〜。
- **Point（まとめの結論）**：したがって（以上の理由により）〜です。

最初に結論を述べます。次にその結論に至る理由を説明したあと、具体例を挙げ、最後に結論で締めくくります。

PREP法を使った提案の事例を見てみましょう。

P（結論） カフェのメニューに、季節限定の新しいデザートを追加すべきです。

R（理由） なぜなら、季節ごとの特別感のあるデザートは、特にリピーターが高確率で買ってくれて売り上げが増えるからです。

E（具体例） 例えば、春に期間限定で桜フレーバーのケーキを

提供したときは、多くのお客様から好評をいただいて、売り上げが15%増加しました。

P（結論） だから、この夏も、期間限定のデザートを追加しましょう。

結論（P）から述べることで、聞き手は「話し手が一番伝えたいこと」を初めに把握できます。最初に話の方向性が理解できるので、その後も関心を持って話を聞くことができるでしょう。

そうやって結論を主張されたら、聞き手は「なんで？」と思いがちなので、次にすかさずそれに応える理由（R）を伝えます。ここで伝える理由は、ある程度抽象的な方が理解しやすいです。

理由を少し大きく捉えてもらった後に具体例（E）を示すことで、聞き手は、その状況を具体的にイメージできて「なるほど！」と腑に落ちるのです。このときに、具体的な数字や固有名詞、実際のエピソードなどを示すと、より現実味が増すでしょう。

そして、再度結論を述べて話を締めくくります。最後に話をまとめつつ念押しするイメージです。こうすることで、最も重要なポイントを聞き手が忘れないようにします。

PREP法は、**提案やプレゼンなど、何かを「主張したい」とか「納得してもらいたい」といった場面で効果的**です。質問に答えるときにも使いやすいですね。

型を使うなら、まずは、ここで紹介した「ホールパート法」と「PREP法」から使ってみることをおすすめします。この2つは使える場面がたくさんあると思いますので、意識してチャレンジしてみてください。

Column

マジカルナンバー

マジカルナンバーとは、先述したとおり、**人間の短期記憶で覚えられる情報のかたまりの個数**を示したものです。

これは、アメリカの心理学者ジョージ・ミラー教授が1956年に発表した論文「The Magical Number Seven, Plus or Minus Two」の中で提唱した概念です。

実は、この論文では、人間が短期記憶に保持できる情報の数は、7±2個（つまり5〜9個）であるとされています。この法則は、「マジカルナンバー7±2」や「ミラーの法則」とも呼ばれています。

そして、その後2001年になって「マジカルナンバー4」という概念も提唱されました。これは、アメリカの心理学者ネルソン・コーワン教授が発表したものです。コーワン教授の論文「The magical number 4 in short-term memory」では、人間が短期記憶で処理できる情報の数は4±1個（つまり3〜5個）であるとされています。

マジカルナンバー4は、より新しい研究に基づいた概念で、マジカルナンバー7±2よりも現実的な数字であるとも考えられています。

例えば、クレジットカード番号や電話番号なども、3桁や4桁刻みでハイフンが挟まれますよね。こうすることで、ただの長い数字の羅列が、3つまたは4つの情報のかたまりとなって、かつ、一つの情報のかたまりも3つまたは4つの数字で構成されることになります。見やすく覚えやすくなるわけです。

そのため本書では、「4±1」の方を参考にして、「ポイントは3つまで」をおすすめしています。

第 **3** 章

説明上手レベル

「わかりやすい」に
磨きをかける「型」

説明上手レベル

状況の伝え「型」： 「事実」と「考え」を区別する

「事実」と「考え」を混同するリスク

何かの状況を伝える際、「これは事実だ」と思い込んで話しているつもりでも、その中に**自分の主観や考えが混ざっている場合**があります。これが原因で、相手に誤解を与えたり、信頼を損ねたりすることも少なくありません。

たとえば、次のAさんの発言を見てみましょう。

✕ Aさん 「昨日の会議、皆さんやる気がなかったようで、何も決まらなかったし、進展がなかったと思います」

この発言にはAさんの主観と事実が混在しており、相手に誤解を与える可能性があります。実際に、皆がやる気がなく進展がなかったのか、それともAさんがそう感じただけなのか明確ではありません。文末が「思います」となっていることも、不明確さに拍車をかけていますよね。

「事実」と「考え」の明確な区別

そこで重要なのが、「事実」と「考え」をしっかりと区別して伝えることです。

「事実」は客観的であり、「考え」は主観的なものです。
「事実」と「考え」を明確に区別することで、相手に伝わるメッセージがより正確で、信頼性の高いものになります。

そうなれば、相手は、その正確な情報に基づいて判断を下すこ

とができます。特に、ビジネスシーンでは、事実に基づく判断が重要です。

先ほどのAさんの発言を見直してみましょう。

> Aさん 「昨日の会議では、予定していた議題について決定ができませんでした（事実）。**私は、その理由は、皆さんが議論に対してあまり積極的でなかったからだと感じています**（考え）」

このように話すことで、相手は、「事実」と「Aさんが感じたこと」を明確に区別して把握できます。

そして、Aさんの考えも参考にしつつ、その事実をもとに冷静な判断ができるでしょう。

同じように、複数の意見が対立している状況などでも、まずは事実を整理しましょう。そのうえで、整理した事実に基づいた考えを互いに共有すれば、感情的な対立を避けつつ、論理的で建設的な議論が進む可能性が高まります。

「事実」と「考え」を区別して伝えるコツ

まず、自分が伝えたい内容を紙に書き出すなどして整理するといいでしょう。複雑でなければ、頭の中でも整理できますよね。

その中の、**客観的なデータや出来事を「事実」、その事実に基づいた自分の意見や予測を「考え」**として分けます。

分けた事実と考えを伝える際には、まず事実を述べたらその文章は一旦「。」で閉じましょう。その後に、**「私の考え（見解）としては」といったフレーズ**を用いて、相手に主観的な意見が続くことを示すと効果的です。

例えば、「今期の売上は10％増加しました（事実）。私の見解と

しては、これは新商品の広報戦略の効果だと考えています（考え）」
という具合です。

　ほかにも、シンプルに**「私は」**とか、**「個人的には」「私見ですが」「印象としては」**など言い方は様々あるので、自分がしっくりくる言葉を使うといいですね。

　こうすることで、相手は何が客観的な情報で、何があなたの意見なのかを容易に理解できます。

まとめ

状況の伝え「型」

- 「事実」と「考え」を区別する
- 事実を述べたら一旦「。」で閉じる＋「私の考えとしては」の後に考えを述べる

Let's Try!

状況の伝え「型」：練習問題

　「事実」と「考え」を区別して表現する方法について、「練習問題1」→「練習問題2」の順で、段階的に考えてみましょう。

練習問題1 　**「事実」と「考え」を分ける**

　以下の発言は「事実」と「考え」が混在しています。**「事実」部分と、「考え」部分に分けて**ください。

　「新しいチームは、チーム内のコミュニケーションがうまくいってないから、ミーティングで発言する人が少ないんだと思います」

回答

事実：

考え：

回答例

事実：新しいチームは、ミーティングで発言する人が少ない

考え：それは、チーム内のコミュニケーションがうまくいってないから

練習問題2 具体的な表現にする

　練習問題1で「事実」と「考え」に分けたものについて、**事実部分をより具体的に、考え部分を考えとわかるような表現にして**みましょう。なお、具体化の仕方は自由に考えてみてください。

＊ヒント：「少ない」も、その人の主観かもしれません

回答

回答例

新しいチームは、ミーティングで発言する人が**毎回2人くらいしかいません**（事実）。**私の見解としては**、それは、チーム内のコミュニケーションがうまくいってないから**だと思います**（考え）

説明上手レベル

言い切り「型」:
解釈を相手に委ねない

〜しましたので……

「Aさん、○○のプレゼン資料、メールで送りましたので……」で話が終わる人がいます。

　ここで終わるということは、その後の解釈を相手に委ねているということ。

　相手は、「参考までに送ったのかな。時間あるときに見てみようかな」と思うかもしれないし、「メールで送ったから何？」と思うかもしれません。

　誤解なく伝えたければ、「メールで送りましたので、**内容をチェックしていただけないでしょうか**」などと、**最後まで言い切る**ことが大切です。

〜かもしれません

「〜かもしれません」をなんとなく使っていませんか？ もちろん使ってもいいのですが、多用しすぎると、自信がない、責任を回避していると受け取られかねません。

　状況からみて確実に言えることなら「〜です」と言い切りましょう。

　根拠はあるけど確認できていないので言い切れない、あくまで可能性を示したい、というのなら、その根拠もあわせて伝えます。「今日は天気が悪いので、お客様の足が鈍るかもしれません」という感じです。

　また、どの程度の可能性なのかニュアンスがわかるフレーズを

追加するのもいいですね。例えば、「ひょっとすると」なら可能性は低そうとか、「五分五分ですが」なら50%程度ということが伝わります。

〜と思います

「〜と思います」で話を終えた場合、事実なのか、その人の考えなのか曖昧なことがあります。事実なのに、なんとなく文末で「思います」と言いたくなってしまう人は結構いるのではないでしょうか。

でも、先述したように、事実と考えを区別することはとても大切です。**自分の考えや推測なら「私は、〜と思います」、事実なら「〜です」と言い切ります。**

〜とのことで……

「先方は、それでOKとのことで……」「おはようございまー……」など語尾が消え入りそうになる人もいます。これでは、自信がない、やる気がないように感じられますよね。

私が勤めていた職場でも、「……ざいまー……」と、挨拶の体をなしていないような言い方をする人がいたのを思い出します。「それでOKとのことでした」「おはようございます！」と**語尾まで相手に聞こえるように、ハッキリと言い切りましょう！**

> まとめ
>
> ### 言い切り「型」
>
> ■ 伝えたいことは省略せずに最後まで言い切る
> ■ 確実に言えることや事実なら、「〜です」と言い切る
> ■ 語尾まで相手に聞こえるようにハッキリと言い切る

第3章 説明上手レベル：「わかりやすい」に磨きをかける「型」

Let's Try!

言い切り「型」：練習問題

練習問題1 最後まで言い切る

次の文章を、しっかり**最後まで伝える文章**にしてみましょう。

「Aさん、昨日の会議の議事録を作成しましたので……」

回答

回答例 「Aさん、昨日の会議の議事録を作成しましたので、内容の確認をお願いします」

練習問題2 事実に基づいて言い切る

次の文章を、**事実に基づいて、言い切る**形に修正しましょう。

「今日の会議は、出席者が少ないかもしれません」

＊これは、会議担当者から上司へ向けた発言で、担当者は5人から欠席連絡を受けている状況とします。

回答

回答例 「今日の会議は、5人欠席なので、出席は○人の予定です」

説明上手レベル

「大きいもの→小さいもの」順の話し「型」

「大きいもの→小さいもの」の順番で話す

何かの状況などを説明する場合、いきなり部分的な細かいことから話を始めても、相手は、「ん？何を言ってるんだろう？」などと感じて、理解できないことがあります。

そんなときは、**「大きいもの→小さいもの」の順番で話す**よう意識することが大切です。

人は、まず大きいものを把握して、その中に含まれる小さいものとして受け止めた方が理解しやすいからです。

例えば、「私は**カンバーランド**という町でホームステイしました」だと、「カンバーランド」を知っている人以外には、世界のどこでホームステイしたのかまったく伝わりません。

でも、「私は、**カナダ南西部のバンクーバー島**（＝大きいもの）にある**カンバーランド**（＝小さいもの）という町でホームステイしました」なら、多くの人にだいたいのところが伝わるでしょう。

相手に理解してもらうには、このように、**相手が知っている、ピンとくるサイズの大きいもの**から話すようにします。

「大きいもの」には、物理的に大きいものだけでなく**「全体」**や**「概要」「抽象」**など大きく捉えられるものが含まれます。これらに対する「小さいもの」とは、**「部分」**や**「詳細」「具体」**のこと。

それぞれについて、具体的に見ていきましょう。

第3章 説明上手レベル：「わかりやすい」に磨きをかける「型」

79

▶▶ 全体 → 部分

全体 Excelで商品別の売上集計表を作ってもらいます。

部分 まず、このA列に各商品名、B列には単価、C列に売上数を入力してください。すると、D列に売上金額が計算されます。

このように、まず「商品別の売上集計表」という**全体の話**をした後に、それぞれの列に何を入力するかという**部分的なこと**を伝えます。そうすれば、相手は何を作るのかがわかったうえで、その作成方法を理解できます。

いきなり「まず、このA列に各商品名を入力して」から話が始まったとしたら、相手は、「何の話？」「何を作るの？」という疑問がわいてしまうでしょう。

▶▶ 概要 → 詳細

概要 新入社員研修では、3日間で、会社の基本方針や社会人としての基礎的なマナーと実務を習得してもらいます。

詳細 日程は、○月○日〜○月○日の各日9:00から17:00まで。初日は会社の歴史やビジョン、各部署の役割を学びます。2日目に社会人としての心得、挨拶・名刺交換などのビジネスマナーを学び、3日目は電話応対、文書・メール作成などの実務研修を行います。

まず、研修の**概要**として期間（「3日間」）と内容（「会社の基本方針や社会人としての基礎的なマナーと実務」）をざっくりと伝えるこ

とで、相手は大枠を把握できます。

そうやって相手の心の準備ができた後に**詳細**のスケジュールを話せば、相手は、いつ何を学ぶのか、順を追って具体的に理解することができます。

▶▶ 抽 象 → 具 体

> 抽象 このプロジェクトの成功のためには、綿密かつ効率的なコミュニケーションを行うことが大切です。
>
> 具体 具体的には、毎週月曜日のミーティングで、各メンバーが担当する業務の進捗状況を報告します。また、チャットを使ってリアルタイムで情報共有を行い、問題が発生したらすぐに対応できるようにしましょう。

このように、まず「綿密かつ効率的なコミュニケーションが大切」と**抽象的に**伝えれば、相手は、何が大切なのか概念的に理解できます。その次にそれを**具体的な行動として示す**ことで、相手は、話し手の意図を把握したうえでどう実行すればいいかを理解できるでしょう。

「このプロジェクトの成功のために、毎週月曜日のミーティングで……」という説明では、話し手が大切にしたいポイントが相手には伝わらないかもしれません。

まとめ

「大きいもの→小さいもの」順の話し「型」

・・・

- ■「大きいもの→小さいもの」の順番で話す
- ■「全体→部分」「概要→詳細」「抽象→具体」

Let's Try!

「大きいもの → 小さいもの」順の話し「型」：
練習問題

練習問題1 「全体 → 部分」で伝える

　次の文章は、いきなり部分的なことから始まり、最後に全体の説明がされています。**「全体→部分」** となるように修正してみましょう。

「今メールで送った資料3点を10部ずつ印刷してください。そして、1部ずつ資料番号順に重ねて左上をホッチキスで綴じたものを10セット作ってもらえますか。そうすれば、明日の会議用資料の準備が完了します」

回答

回答例

「明日の会議用資料の準備をお願いします（全体）。まず、今、メールで送った資料3点を10部ずつ印刷してください。そして、一部ずつ資料番号順に重ねて左上をホッチキスで綴じたのものを10セット作ってもらえますか（部分）。それで、完了です」

82

練習問題2 「概要→詳細」で伝える

次の文章は、いきなり詳細な部分から話が始まり、最後に概要を伝えています。**「概要→詳細」**の順で伝える文章に変えましょう。

「新製品紹介のプレゼン資料は、表紙の後に、製品の特徴①②③を2ページずつ画像付きで紹介して、その後に価格プラン1ページとカスタマーサポートの情報1ページというページ構成で作成してください。つまり、まず製品のメインの特徴を丁寧に紹介して、その後に価格とサポート体制を補足説明するという流れです」

回答

回答例

「新製品紹介のプレゼン資料は、まず製品のメインの特徴を丁寧に紹介し、その後に価格とサポート体制を補足説明する流れで作成してください（概要）。ページ構成としては、表紙の後に、製品の特徴①②③を2ページずつ画像付きで紹介します。その後に、価格プラン1ページとカスタマーサポートの情報1ページという構成でお願いします（詳細)」

説明上手レベル

「抽象」と「具体」の意識のし「型」

抽象と具体を意識する

　相手に応じて、**抽象的な表現と具体的な表現を使い分けたり、バランスを考えて両方使ったりする**ことを意識することが大切です。

　相手にとって抽象的過ぎるまたは具体的過ぎる言葉だけでは、理解するのが難しい可能性があるからです。

　例えば、次のような表現は、それぞれどう感じるでしょうか。

> 「経費節減のために、社内の**コミュニケーションツール**の契約を見直します」
> 「経費節減のために、**Slack**の有料プランを無料プランに切り替えて、無料の**Google Chat**も併用します」

　太字と下線部の両方について、上の方が抽象的で、下の方が具体的になっています。

　「コミュニケーションツール」という言葉で何をイメージするかは、人によって違いますよね。また、相手がそういったツールを使わない人であれば、「Slack」や「Google Chat」という言葉を知らないかもしれません。

　「契約を見直す」と「有料プランを無料プランに切り替えて〜も併用」を比べても、伝わることの解像度が異なります。

　上と下のどちらかだけでも伝わるかもしれませんが、相手に

よっては、次のように抽象・具体の両方を使った表現にすると、よりわかりやすいでしょう。

> 「経費節減のために、社内の**コミュニケーションツールの契約を見直す**ことになりました。具体的には、**Slackの有料プランを無料プランに切り替えて、無料のGoogle Chatも併用します**」

抽象的な表現（大きいもの）の後に具体的な例（小さいもの）を挙げるのが、伝わりやすい説明の仕方だということは前述したとおりです。

抽象的な表現のメリット・デメリット

▶▶ メリット

抽象的な表現は、広い範囲のことがらを一つの言葉で表現できるので、大きく捉えることができ、**「概念」や「特徴」的な面を理解しやすい**です。

例えば、「作業の効率化」という抽象的な言葉は、「ショートカットキーを使う」「文書作成はテンプレートを使う」「○○業務システムを導入する」など、幅の広い具体的な内容を包括して表現できます。伝えたいポイントが概念的な内容のときには非常に便利です。

▶▶ デメリット

解釈の自由度が高いため、**誤解されるリスク**があります。
「作業の効率化」について、部下は「ショートカットキーを使う」くらいのアクションを考えていたのに、上司のイメージが、「○

○業務システム導入」のレベルだった場合など、会話がかみ合わないことにもなりかねません。

具体的な表現のメリット・デメリット

▶▶ メリット

具体的な表現は、実際の行動や物体を示すことができるため、**人による解釈の違いが少なく、情報を明確に伝える**ことができます。

「応接室の**テーブルの上を片付けて窓を拭いて**おいてください」という表現は、「応接室を**きれいにしておいてください**」よりもやるべきことが明確です。誰が聞いても同じように理解でき、実際の行動に移しやすいですよね。

「きれいにしておいて」だけでは、散らかっているモノを片付けて終わりという人も多いでしょう。

▶▶ デメリット

相手によっては、その**具体例を知らないとか、ピンとこない、細かすぎて伝わらない**ということもあり得ます。

例えば、冒頭の事例で挙げた「Slack」や「Google Chat」を知らない人には、抽象的な言葉を補わなければ何を言っているのかわかりません。

具体例を選ぶ際は、伝えたい本質や相手の背景（知識や経験など）についても考えることがとても大切です。

抽象と具体のレベル

単に抽象化・具体化といっても、それには**階層（レベル）**があ

ります。面白いことに、ほとんどの言葉が、さらに抽象化することも具体化することもできるのです。

例えば、「小説」という言葉について考えてみましょう。

これは、さらに抽象化すると「文学」とか「本」「読み物」などということができますよね。逆に具体化すると、例えば「純文学」「推理小説」「SF」などと表現できます。

さらに言うと、「村上春樹の小説」「アガサクリスティの小説」→「ノルウェイの森」「そして誰もいなくなった」など、どんどん細かいレベルに具体化することができます。

相手や伝えたい内容によって、抽象度・具体度のレベルにも気を配って表現すると、説明はよりわかりやすくなります。

なお、より詳しい具体化の仕方、抽象化の仕方については、後の項目で解説していきます。

> **まとめ**
>
> ## 「抽象」と「具体」の意識のし「型」
>
> - 相手の立場に立って（相手の知識や経験を踏まえて）、相手がピンとくる表現を選ぶ
> - 抽象度と具体度のレベルにも気を配る

Let's Try!

「抽象」と「具体」の意識のし「型」：練習問題

「抽象」・「具体」のイメージをつかむために、次のそれぞれの言葉について、さらに**抽象化した言葉、具体化した言葉**を考えてみましょう。

思いつかなかったら、例示したものを参考に、他にも何かないか考えてみると練習になります。

①「コーヒー」

| 回答 | 抽象化： |
| | 具体化： |

| 回答例 | 抽象化：温かい飲み物、カフェイン含有飲料、休憩時間の楽しみ、眠気覚まし |
| | 具体化：カフェオレ、アイスコーヒー、ブルーマウンテン |

②「スマートフォン」

| 回答 | 抽象化： |
| | 具体化： |

| 回答例 | 抽象化：通信デバイス、情報収集のための道具、電子決済ツール、読書・動画視聴の道具 |
| | 具体化：iPhone、Google Pixel、キッズスマホ |

③「SNS」

| 回答 | 抽象化： |
| | 具体化： |

回答例	抽象化：コミュニケーションツール、画像・動画共有ツール、情報収集の手段、広報戦略ツール 具体化：LINE、X、Instagram、TikTok、企業公式アカウント

④「ダイエット」

回答	抽象化： 具体化：

回答例	抽象化：健康管理、体型維持、美の追求 具体化：カロリー制限、ジョギング、筋トレ、ヨガ、地中海式ダイエット

⑤「ミーティング」

回答	抽象化： 具体化：

回答例	抽象化：意思決定過程、情報共有の場、アイデアを出すための集まり 具体化：企画会議、週次チームミーティング、キックオフミーティング

説明上手レベル

具体化のし「型」： 映像が浮かぶように話す

相手の頭の中に映像が浮かぶように話す

具体化するときには、第2章で説明した「数字や固有名詞を使う」ことがとても有効です。それらにも当てはまるのですが、意識していただきたいのは、伝えたいことが**相手の頭の中に「映像として浮かぶように」話す**こと。

この際に大切なのは、次の3つの視点です。

- 視覚的な言葉を使う
- 行動を再現できるように話す
- エピソードを話す

これらを意識することで、表現の解像度が上がり、聞き手の理解を深めることができます。以下にそれぞれのポイントを整理します。

視覚的な言葉を使う

視覚的なイメージを持てると、より直感的に理解しやすくなります。

相手の頭の中に絵が描けるように、**色や形、大きさ、位置、具体的なモノ、状態などを表す視覚的な言葉**を使って話すことを意識しましょう。

△ 「机上札は、キャビネットの箱に入っています」　→

○ 「机上札は、**低いキャビネット**の**一番上の段**にある**グレーの箱**に入っています」

△ 「オフィスが改装されて、とても明るくなりました」　→

○ 「オフィスが改装されて、**カウンターがクリーム色**になり、**壁紙は白地**に**オレンジのアクセントカラー**が入ったものになって、とても明るくなりました」

行動を再現できるように話す

　業務の説明などをする場合は、相手があなたの説明をもとに、どう動いたらいいか再現できるように伝える必要があります。

▶▶ 6W3Hを意識する

　第1章（→30ページ）でも述べた「6W3H」の要素を意識しましょう。すべての要素を入れる必要はありません。6W3Hをチェックリストのように意識して、**相手はどの情報があれば行動を再現できるか、洗い出してみる**のです。

○　「田中さん（Who）が、明日の9時まで（When）に、営業部の資料（What）を20部（How many）印刷して、会議室Aの参加者用の席（Where）に1部ずつ配って（How）おいてください」

　このように言えば、何をどうすべきかが具体的に相手に伝わるでしょう。

▶▶ イメージと言葉の具体度を合わせる

相手にやってほしい行動があるなら、そのイメージと合致する具体度の言葉を選びます。

例えば、相手に料理を作ってもらう場合。

・麺料理ならなんでもいい
　　→ 「何か**麺料理**を作って」
・ラーメンが食べたい
　　→ 「**ラーメン**を作って」
・ラーメンの中でも、とんこつがいい
　　→ 「**とんこつラーメン**を作って」
・特定の商品がいい
　　→ 「**インスタントラーメンの『うまかっちゃん』**を作って」

といった感じです。

▶▶ 手順を話す

相手に誤りなく確実に行動してほしい場合には、上記のほかに正しい手順も伝えるといいでしょう。「**まず、〜〜をします。次に〜〜、最後に〜〜**」というように順番に伝えます。

以下は、書類のファイリングについて説明する例です。

「**まず**、書類の種類ごとに仕分けします。**次に**、種類ごとに日付順に並べます。**最後に**、このファイルに綴じて、種類名を書いたインデックスシールをそれぞれの書類の1枚目に貼ってください。」

92

この際、具体的な書類名も挙げながら伝えると、よりわかりやすくなりますね。

エピソードを話す

概念的なことを伝えたい場合でも、**それを表す実体験などのエピソードも付け加えて話す**と、相手への伝わり方が深くなります。聞き手は、その場面を思い出したり、想像したりすることができ、腹落ちしやすくなるのです。

例えば、「チーム全体で協力すれば、大きな問題も乗り越えられる」と伝えたい場合。

> 「前回のイベントのとき、突然の機材トラブルでAさんのプレゼンが中断したことを覚えていますか? あのとき、BさんとCさんが迅速に予備の機材を手配してくれて、無事に再開できましたよね。」

このような実際のエピソードを添えると、ただ「チームの協力が大切」と言うだけよりも、聞き手はその情景も思い浮かべて心底理解できるのではないでしょうか。

まとめ

具体化のし「型」

- 相手の頭の中に映像が浮かぶように話す
- そのためには、「視覚的な言葉を使う」「行動を再現できるように話す」「エピソードを話す」

Let's Try!

具体化のし「型」：練習問題

　以下の指示は抽象的に説明されています。それぞれ、相手に伝わるように具体化してみましょう。回答例はあくまで1つの事例なので、**具体化の仕方は自由**に考えてみてください。

練習問題1　視覚的な言葉を使う

　次の文章を、頭の中に絵が描けるように**視覚的な言葉**を使って表現してみてください。

「デスクにあるファイルを戻しておいてください」

回答	

回答例	「デスクの左端にある青い表紙のファイルを、コピー機の右側の棚に戻しておいてください。」

練習問題2　6W3Hや手順を意識する

　次の文章について、視覚的表現のほか、**6W3H**や**手順**も意識して、相手が迷わず遂行できるよう具体的に説明してみてください。実際の場面を想像して、行動できるレベルで詳しく表現します。

「会議室の設営をお願いします」

回答

回答例
「吉田さんと田中さんで、10時までに今日の運営会議の
ための会議室の設営をお願いします。まず、会議室の中
央に、4つの長机を正方形のロの字に配置します。そし
て、それぞれの机に椅子を3つずつ置いてください。」

＊ホワイトボードやプロジェクター、PC、マイク、机上札などに触れて
もいいでしょう。

練習問題3 **エピソードを話す**

次のことを伝えたい場合に、それを表す**具体的なエピソード**を
考えてみましょう。

「失敗から学び改善することで、より良い結果につながる」

回答

回答例
「昨年の展示会では、商品説明が不十分でお客様の関心を
引けませんでした。そこで、今年は説明動画を用意したと
ころ、多くの方にわかりやすいと評価いただけました。」

説明上手レベル

抽象化のし「型」：
細かすぎて伝わらないことは抽象化

細かすぎて伝わらないことは抽象化

具体化の重要性やメリットはすでに述べたとおりですが、具体的な言葉だけでは伝わらないこともあります。

細かい具体例の羅列は、情報が多すぎて相手を混乱させたり、ピンポイント過ぎて何を言いたいのか伝わらなかったりするのです。そして、わかってもらおうとさらに例を挙げて無駄に話が長くなるということも。

このような状況では、「抽象化」が、物事の本質を簡潔に伝えるための強力な手段となります。**重要なポイントに焦点を合わせ、本質が伝わるような抽象化した表現を使う**ことで、相手が理解したり、納得したりしやすくなるのです。

抽象化の仕方

▶▶ 共通項でまとめる

具体例だけをいくつか挙げても、こちらが伝えたい本質に相手が気付かないことがあります。そういう場合は、それら具体例の**共通項であり伝えたい本質でもある抽象的な言葉で表現**してみましょう。

このとき、すでに述べたように「抽象→具体」の順で話すとわかりやすいのですが、逆もあり得ます。それぞれが単語などの短めの表現であれば、**「△、△（具体）などの○○（抽象）」**とまとめる言い方でも OK です。

例えば、次のような言い方です。

「この背景に、**リンゴ**や、**いちご**、**サクランボ**（具体）など、何か**赤い果物**（抽象）を加えたらいかがでしょう」
「営業活動は、**ターゲットの明確化**、**効果的なアプローチ**、**成果の測定**（具体）などの**成功戦略**（抽象）が鍵となります」

▶▶ カテゴリー化する

あまりに細分化された具体例で表現すると、相手にとって不便や誤解を生む場合があります。このような場合、**複数の具体例をひとまとめにする「カテゴリー化」が役立ちます**。カテゴリー化することにより、相手が、必要な情報を柔軟に捉えやすくなるのです。

例えば、「ペンを貸していただけますか？」と聞いたときに、相手が鉛筆しか持ってなかったとします。この場合、相手は「鉛筆しかないんですけど……」と申し訳なさそうに返事をするかもしれません。

ボールペンでも鉛筆でもシャープペンでもいいのであれば、これらをカテゴリー化した抽象表現を使うといいでしょう。

この場合は、「**何か筆記用具（書くもの）**を貸していただけますか？」などと表現できますよね。

また、「バスや電車をご利用ください」をカテゴリー化して言うなら「**公共の交通機関**をご利用ください」となります。

▶▶ 概念化する

具体的なエピソードだけでは何を言いたいかが伝わりにくい場合は、それを**概念化して伝える**と理解しやすくなります。

次の文章は、エピソードだけを用いたものです。

「問い合わせ対応が大変だった際にQ＆Aのリストを作ったときのように考えることが大切です」

これだけでは、大事なポイントがぼやけていますよね。これを概念化した表現を付け加えます。

○「問い合わせ対応が大変だった際にQ＆Aのリストを作ったように、**業務の負荷が増えたときは効率的な仕組みを考えることが大切です**」

こうすれば、大切にしたいこと、伝えたいことが、よりわかりやすくなるでしょう。

> **まとめ**
>
> ### 抽象化のし「型」
>
> - 細かすぎて伝わらない具体表現は抽象化する
> - 「共通項でまとめる」「カテゴリー化する」「概念化する」

Let's Try!

抽象化のし「型」：練習問題

次の具体的な説明を抽象化して、より本質が伝わる表現にしてみましょう。

練習問題1 **共通項でまとめる**

次の具体例を「△、△ (具体) などの○○ (抽象)」といった形で、共通項でまとめてみましょう。

「この中華料理店では、麻婆豆腐、担々麺、ピリ辛チャーハンが人気です」

> **回答**
> 「この中華料理店では、麻婆豆腐、担々麺、ピリ辛チャーハンなどの　　　　　　　　　　　　　が人気です」

> **回答例**
> 「この中華料理店では、麻婆豆腐、担々麺、ピリ辛チャーハンなどの辛いメニューが人気です」

練習問題2 **カテゴリー化する**

次の具体的な依頼を**カテゴリー化**して、ほかの選択肢も含める抽象表現にしましょう。

「ここが濡れているので、**ぞうきん**を持ってきていただけますか」

> **回答**
> 「ここが濡れているので、　　　　　　　を持ってきていただけますか」

> **回答例**
> 「ここが濡れているので、何か拭くものを持ってきていただけますか」

第3章 説明上手レベル：「わかりやすい」に磨きをかける「型」

練習問題3　**概念化する**

　次の具体的なエピソードに**概念化した表現を加えて**、大切なポイントがより伝わるようにしましょう。

「課長がいつも部下一人ひとりの話を否定せずに真摯に聞いてくださっているような姿勢が大切だと思いました」

> 回答
>
> 「課長がいつも部下一人ひとりの話を否定せずに真摯に聞いてくださっているように、
> 姿勢が大切だと思いました」

> 回答例
>
> 「課長がいつも部下一人ひとりの話を否定せずに真摯に聞いてくださっているように、**リーダーシップには傾聴する**姿勢が大切だと思いました」

説明上手レベル

「たとえ」の使い「型」：
「具体」→「抽象」→「別の具体」

「たとえ」の質で伝わり方が変わる

　説明上手になるには、相手が「なるほど」と思えるようなたとえ話ができるようになることが有効です。

　みなさんも、たとえがうまい人の話を聞いたら、「この人、説明が上手だなぁ」と感じるのではないでしょうか。そして、たとえを使うと、直感的に理解しやすいだけでなく、記憶にも残りやすくなりますよね。

「何かにたとえる」ということは、伝えようとしていることがらを、**相手にとってピンときやすい別のモノに「翻訳」する**ということ。

　この翻訳の質によって相手への伝わり方が変わってきますので、うまいたとえ話ができるよう、ぜひ意識してみましょう。

「たとえ」＝「具体」→「抽象」→「別の具体」

「たとえ」とは、**伝えたい「具体的なモノ・コト」を、一旦「抽象化」したうえで、その抽象に当てはまる「別の具体的なモノ・コト」に置き換える作業**です。

　例えば、「Aさんは高度なプログラミングスキルを持つエンジニアなのに、古くてスペックの低いパソコンを使わされている」という状況を、相手に理解してほしいとします。

　そのときに、**「競輪選手が子供用の三輪車を使わされているようなもの」**とたとえると、相手はその状況を直感的に理解できるのではないでしょうか。

この場合、伝えたい状況を**「有能な人が不釣り合いな非効率な道具を使わされている」**という状況に抽象化して、それに当てはまる**「競輪選手が子供用の三輪車」**という別の具体的な状況に置き換えたことになります。

「たとえ」の作り方

では、どのようにして効果的なたとえを作ればいいのでしょうか。たとえを作る際のポイントを以下に示します。

▶▶ ポイントを捉えて抽象化する

まず、抽象化する際は、伝えたいことがらの**本質的な特徴やポイントを明確に捉える**ことが大切です。

先ほどの事例では、次の2つの箇所を捉えて、その特徴を抽象化しています。

> 「高度なプログラミングスキルを持つエンジニア」
> → 「有能な人」
> 「古くてスペックの低いパソコン」
> → 「不釣り合いな非効率な道具」

こうすることで、「有能な人が不釣り合いな非効率な道具を使わされている」という抽象化された状況が浮かび上がってきます。

▶▶ その抽象に当てはまる別の具体を選ぶ

次に、抽象化した状況に当てはまる別の具体的なことがらを選びます。

上記の例では、「有能な人」と「不釣り合いな非効率な道具」のペアで考えます。

102

先ほどは、「競輪選手」と「子供用の三輪車」という例を使いましたが、ほかにもいろいろ考えられますよね。いくつか挙げてみましょう。

「熟練の大工」と「おもちゃの工具セット」
「一流のバリスタ」と「インスタントコーヒー」
「スポーツカメラマン」と「使い捨てカメラ」

このようにいくつか思いついたら、その中で相手にとってわかりやすく、一番しっくりくるものを選べばいいのです。

相手に合った「たとえ」にする

「たとえ」は、**相手が理解できる身近なモノ**にしましょう。相手の背景や知識、経験にも配慮して、相手にとってなじみのあるものにします。できれば、誰にでもイメージできるような、日常生活で目にしたり耳にしたりするものが効果的です。

たとえが適切でも、相手がそのたとえにピンとこなければ、逆に混乱を招くことになります。例えば、ITの知識がない人に対して専門的なIT用語を使ったたとえ話は、かえってさっぱり意味がわからないということになるでしょう。

相手に合ったたとえを選ぶことがとても大切です。

> **まとめ**

「たとえ」の使い「型」

- 伝えたい具体のポイントを捉えて抽象化　→　その抽象に当てはまる別の具体を選ぶ
- 相手に合った「たとえ」にする

Let's Try!

「たとえ」の使い「型」：練習問題

　次の具体的な状況について、その本質的なポイントを抽象化し、それに該当する**別の具体的な例（＝たとえ）**を考えてみましょう。

練習問題1　Excelによる計算

「Excelには合計のSUM関数があるのに、すべてのセルを一つひとつ足し算する計算式を入力している」

［これを抽象化すると？］

回答	のに、 している

回答例	一斉に処理できる便利な方法があるのに、同じことを繰り返す非効率なやり方で処理している

［それに当てはまる別の具体例（＝たとえ）は？］

回答	のに、 しているようなもの

回答例	同じメールを大勢に一斉送信できるのに、いちいちメールを打ち直して一人ずつに送信しているようなもの

104

練習問題2 新入社員の大成功

「新入社員が初めて担当したプレゼンで、大きな契約を勝ち取った」

[これを抽象化すると？]

回答　　　　　　　　　　　　　　で、
　　　　　　　　　　　　た

回答例　未経験者が初めて挑戦したことで、大それた成功を収めた

[それに当てはまる別の具体例（＝たとえ）は？]

回答　　　　　　　　　　　　　　で、
　　　　　　　　　　　　たようなもの

回答例　新人作家が初めて書いた小説で、芥川賞をとったようなもの

説明上手レベル

相手に寄り添う話し「型」：
「共感」を意識する

相手が共感できる表現を見つける

「相手の視点に立つこと」の大切さを繰り返し述べていますが、ここはその実践編です。相手がどのような立場にいるのか、どのような知識や経験を持っているのかを考えて、**相手が共感できるような言葉**を選びましょう。

具体的には、次のような点を意識します。

▶▶ 相手が共感できる具体例を使う

事例やたとえ話を使うときは、相手がその状況を経験したことがあったり、よく知っていたりするものを選びましょう。

例えば、職場の業務に関連する例や、日常生活でよく起こるシーンであれば、理解もスムーズです。

▶▶ 相手がよく使う言葉を使う

相手が普段から使っている言葉を使うことで、相手は親近感を持ち、話を理解しやすくなります。言葉遣いが一致していると、「自分のことをわかってくれている」と感じやすいものです。

例えば、相手が「今日の**ミーティング**は何時から？」と聞いてきたとします。このときに、「今日の**打ち合わせ**は10時からです」などと違う言葉で言い換えるよりも、こちらも「今日の**ミーティング**は……」と返した方がすんなり受け入れられるのではないでしょうか。

また、相手が専門用語や業界特有の言葉を使っている場合、こ

ちらもその言葉を使って話すと共感が得られやすくなります。ただし、言葉の意味を知らずに知ったかぶりで使うのはNGです。

▶▶ 比較基準を示して表現する

具体化する際は数字を使うと誤解なく伝わるというのはすでに述べたとおりですが、数字で説明してもどれくらいのサイズ感か伝わりにくいことがあります。そんなときは、「〇〇くらいの大きさ」「〇〇何個分」などと**相手が知っているものを比較基準**にする方法があります。

> 「この杉の木の高さは40mで、**13階建てのマンション**と同じくらいです」
> 「1TB（テラバイト）は1000GB（ギガバイト）のことで、容量が**128GBのスマートフォンでいうと8台分**に相当します」

こう伝えれば、相手は、数字だけを示されるよりもイメージがわきやすいでしょう。

相手に対する共感を示す

自分の言葉や感情を大切に受け止めて共感してくれる人の話は、きちんと聞こう、理解しようと思えるものです。

▶▶ 相手の立場や姿勢を認めて共感する

相手の状況をよく観察し、相手の置かれている立場や苦労、頑張っている姿勢などを、**認めて共感していることを言葉にして示す**ことが効果的です。例えば、こんな風に。

> 「ただでさえ忙しいのに、〇〇のイベントも任されて本当に

大変でしたね。人員不足の中、各所と綿密に調整して滞りなく最後までやり遂げてすごいですよ」

　このような言葉をかけられて、「この人はわかってくれている」「認めてくれている」と感じた相手は、心を開き、こちらの話をより好意的に受け止めやすくなります。

▶▶ 相手の言葉を受け止めて共感する

　説明は一方通行のものではありません。相手の話を聞いてから説明を始めたり、説明をしている途中で相手からの言葉が挟まれたりすることもあるでしょう。

　その際に、きちんと相手の言葉を受け止めましょう。特に相手が事情を訴えてきたり、感情を述べたりしたら、それを**伝え返して共感を示します**。

「なるほど、〜〜なんですね。それは悩ましいですね」
「あぁ、そうだったんですね。それはしんどかったでしょう。よく頑張りましたね」

といった感じです。寄り添う気持ちを込めて、その言葉に見合った表情で伝えましょう。

> **まとめ**
>
> ### 相手に寄り添う話し「型」
>
> - 相手が共感できる表現を見つける：共感できる具体例・相手が使う言葉・比較基準
> - 相手に対する共感を示す：相手の立場や姿勢を認めて共感・言葉を受け止めて共感

Let's Try! 相手に寄り添う話し「型」：練習問題

練習問題1 　**比較基準を使う**

　次の文章を、**相手がピンときそうな比較基準**を使ってよりわかりやすく説明してください。基準として使いたいものがどれくらいの広さか、スマホなどで調べてもOKです。

「この倉庫の広さは1560m^{2}です」

| 回答 | 「この倉庫の広さは1560m^{2}で、
　　　　　　　　　　　　に相当します」 |

| 回答例 | 「この倉庫の広さは約1560m^{2}で、**25mプール5つ分**に相当します」
「この倉庫の広さは約1560m^{2}で、**テニスコート6面分**に相当します」
「この倉庫の広さは約1560m^{2}で、**車125台分の駐車場**に相当します」 |

（＊参考：25mプール 約312.5m^2、テニスコート 約260m^2、車1台分の駐車場 約12.5m^{2}とした場合）

＊自分が行う説明によく出てくる数字について、比較基準を使うとどう表現できるか、事前に調べて用意しておくといいでしょう。

第**3**章 説明上手レベル：「わかりやすい」に磨きをかける「型」

109

練習問題 2 **相手の立場や姿勢を認めて共感する**

　あなたは、次の状況の同僚（鈴木さん）に業務上の説明をする必要があります。説明を始める前に、どのような言葉をかけますか？ **相手の立場や状況を認めて、それに共感を示してから説明の話に移る**ような話しかけ方を考えてみてください。

［ 状況 ］

　鈴木さんが、長期出張で大きな成果を上げて帰ってきて、休む間もなく次のプロジェクト（説明しようとしている業務とは別件）を任されて着手しようとしている。

回答

回答例

　「鈴木さん、長期出張お疲れ様でした。すごい成果を上げられて、さすがです。でも休む間もなく次のプロジェクトを任されて大変ですよね。そんな大変なときに申し訳ありません。○○の説明をしたいのですが、5分ほどお時間よろしいでしょうか。」

説明上手レベル

相手の反応に応じた話し「型」

　相手の関心を惹きつつ相手の理解を助けるためには、相手の反応に応じて話し方を調整しましょう。

相手の表情・しぐさから読み取る

　話を聞いている**相手の表情やしぐさを観察**して、相手が興味を持って話を聞いているかどうか、きちんと理解できているかどうかを読み取ることが重要です。

　例えば、相手が、頷きながら「うんうん」などとあいづちを打ちながら話を聞いている場合、それは**「共感している」とか「もっと話を聞きたい」というサイン**かもしれません。目をキラキラと見開いて聞いてくれているときも同じですね。そういう反応が見えたら、長くならない程度に、そこをさらに掘り下げて話してみるのもいいでしょう。

　しかし、よそ見をしていたり、ぼんやりしたりしている場合には、**興味が薄れているか、理解が追いついていない可能性**があります。こうした反応に気づいたら、「ここから大事なポイントです」などと強調して興味を惹かせたり、「ここまで大丈夫ですか？」と問いかけたりして相手を置き去りにしない姿勢を見せます。

　また、不安げに資料をパラパラめくっていたり、周りの人の手元の資料をのぞき込んだりしている人がいたら、**資料のどこを説明しているのか迷子になっている**のかもしれません。そういう時は、「〇ページの下から3行目に記載のとおり……」などと、現在の説明箇所に言及してあげるといいですね。

第3章　説明上手レベル：「わかりやすい」に磨きをかける「型」

相手が示した疑問に応える

相手を観察していると、時には**首をかしげるなどの疑問のサイン**を見つけることもありますよね。「具体的にはどういうことですか？」などと相手が質問してくることもあるでしょう。

そんな反応を示されたら、**見過ごさずにきちんと対応する**ことが大切です。

首をかしげていたら、「ここがわかりにくいですか？」とか「疑問点（ご質問）はありますか？」と確認してみるのもいいですね。質問されたのなら、すぐに答えましょう。

示された疑問に対して、それを解消するような働きかけを素早く行うことで、相手との信頼関係も強化されるでしょう。

相手の話すスピードに合わせる

相手の話すスピードに合わせるという意識を持つことも大切です。

相手が早口で話す場合は、同じペースで応じることでスムーズに会話が進みます。ただし、相手がイライラしているときなど、むしろ落ち着いたトーンで話し、クールダウンを促した方がいいこともあります。

逆に、相手がゆっくり話しているときに一方的に早口で話すと、相手がついていけなくなる可能性があります。相手に合わせてゆっくり目に話しましょう。

やっぱり観察が大事

そもそも相手に話しかけるタイミングにしても、相手が忙しそうとか、ゆっくり話を聞く時間がなさそうなときには、「結論から（手短に）お伝えします」などと前置きして、要点を絞って端

的に話すことが配慮になります。

相手がゆっくりと話を進めたがっているなら、落ち着いたトーンで、「まず全体像をお伝えした後に、詳しく説明します」などと、流れを伝えながら丁寧に説明するといいでしょう。

このように、**相手の反応、そして状況も含めて観察し、相手に合わせて話を進める**ことを意識しましょう。そうすることで、相手は「自分のことをわかってくれている」と感じて安心して話を聞くことができ、話の理解もスムーズになります。

まとめ

相手の反応に応じた話し「型」

- 相手の表情・しぐさから読み取る：興味、理解度、感情に合わせた対応をする
- 相手が示した疑問に応える
- 相手の話すスピードに合わせる

Let's Try!

相手の反応に応じた話し「型」：練習問題

練習問題1 相手の表情・しぐさから読み取る

あなたが会議で資料の説明をしている途中、参加者の何人かが**困惑した表情で資料をパラパラ**めくりながら周囲の人の手元を見ています。この状況にどのように対応しますか？

回答

回答例
「資料○ページの右側のグラフをご覧ください」など
と、どこを説明しているかを示して話を続けつつ、困
惑していた人たちの様子を確認する（説明個所を探し当て
て、落ち着いたかどうかの確認）。

練習問題2 **相手が示した疑問に応える**

あなたがプレゼンテーション中に、**首をかしげたり、何か考え
たり**しているような様子の人が複数人います。この反応にどう対
処しますか？ 具体的な対応を考えてください。

回答

回答例
そこまでの重要なポイントをもう一度わかりやすく繰り
返し、「ここまでで、何かわかりづらいところなどあり
ますか？」などと確認する（ポイントをわかりやすく繰り
返すことで、疑問が解消することもある）。

練習問題3　**相手の状況に合わせる**

　あなたは、**忙しそうな上司**（課長）に以下の内容について報告する必要があります。どう話しかけ、どのように報告しますか？自由に考えてみてください。

［ 報告したい内容 ］

　次回イベントの会場について、第1候補のAセンターが押さえられなかったが、第2候補のB会館を押さえることができた。

回答

回答例

　「課長、お忙しいところ申し訳ありません。次回イベントについてのご報告ですが、1分だけよろしいでしょうか。（課長のOKの返事後）会場について、第1候補のAセンターは押さえられなかったのですが、第2候補のB会館を押さえることができました。（この後、料金など補足情報を伝える）」

第**3**章　説明上手レベル：「わかりやすい」に磨きをかける「型」

115

> 説明上手レベル

表情・姿勢・動作の意識のし「型」

　説明をする際の自分の表情や姿勢、動作に注意を払うことは、印象を良くするだけでなく、相手に自分の意図を正しく伝えたり、話の説得力を増したりするためにも重要です。

表情とアイコンタクト

　説明をするときは、前向きな笑顔や真剣な表情など、**伝えたい内容に合わせた表情をする**ようにしましょう。特に**目の表情を意識**します。「目は口ほどにものを言う」ともいいますよね。そうすることで、言葉が持つ力を増すことができるのです。

　例えば、新しいプロジェクトの提案をする際、イキイキとした笑顔で話せば、相手もその内容に対して興味やポジティブな印象を持つことができるでしょう。難しい課題について説明する場合なら、その課題を解決させようという意欲を込めた真剣な表情で語るといいですね。そうすれば相手も、それに向き合うような気持ちで聞いてくれるのではないでしょうか。

　また、**アイコンタクトも重要**です。聞き手が一人の場合はもちろん、複数の場合も、一人ひとりの目を見て話すことで、真摯に話していることが伝わります。

　大人数の前で話す場合には、全体を見渡しながら、できるだけ一人ひとりとキャッチボールをするようにアイコンタクトを取りましょう。前方、左右、後方などブロックごとに、その中の何人かずつの目を見るイメージです。そうすることで、全体の参加者に関心を向けていることを伝えられます。特に、よく頷いてくれ

ている人とか、こちらの顔を見てくれている人などを見つけて視線を合わせ、その人に語りかけるように話してみましょう。そうすると、相手にとって話がより個人的で意味のあるものに感じられ、聞く意欲や理解を深める助けになります。

姿勢を整える

姿勢が良いと、自信があってプロフェッショナルな印象を与えます。**背筋を伸ばしつつ、肩の力を抜いてリラックスした姿勢を意識**しましょう。

立っている場合は、両足をしっかり床につけてバランスを保ち、体重を均等にかけるようにします。座っている場合は、背中を背もたれに軽くつけると自然な姿勢が保てます。

また、**顎の角度**も印象を大きく左右するので大切です。顎を上げすぎると見下ろすようになり威圧感や冷たい印象を与え、逆に下げすぎると上目遣いになり、自信がなく弱々しい印象になるかもしれません。顎の位置は、相手と同じ高さか少しだけ上を向く程度に保ち、自然で信頼感を与える姿勢を心がけましょう。

さらに、話す際の身体の向きもおろそかにはできません。顔だけではなく**身体ごと相手の方へ向ける**ことで、真摯に向き合っている姿勢を示すことができます。

動作に気を配る

プレゼンテーションや説明を行う際の動作にも気を配れればベストです。**手を使ったジェスチャー**は、言葉を補足し、話に動きを持たせることで、相手の興味を惹いたり、理解を促進させたりする効果があります。

例えば、「大事なポイントが3つあります」と言うときに、同時に指を3本立てるジェスチャーをすれば直感的に伝わりますよ

第**3**章　説明上手レベル：「わかりやすい」に磨きをかける「型」

ね。「皆さんも」と言うときは、手のひらを上に向けて揃えた指先で聴衆の方を指し示すといった具合です。

また、大勢の前でプレゼンを行うときは、**少し横に移動したりする**ことも効果的です。話の展開に合わせて2〜3歩ゆっくりと横に動くなどすると、次のトピックに移ることを聴衆に示すことができます。

ただし、過剰な動作は、逆に相手に不快感を与えたり、注意を分散してしまう可能性があります。必要なタイミングでポイントを強調するための自然な動作を心がけましょう。

まとめ

表情・姿勢・動作の意識のし「型」

- 伝えたい内容に合わせた表情、一人ひとりへのアイコンタクト
- 姿勢良く、顎の角度も意識、相手に身体を向ける
- 言葉を補足するジェスチャー、話の展開に合わせた移動

Let's Try!

表情・姿勢・動作の意識のし「型」：練習問題

ここでは、練習問題というより、**表情・姿勢・動作の練習**を実際にやってみましょう。できれば、鏡を見ながらやってみてください。そうすれば自分でも印象を確認できます。

練習問題1　表情

鏡を見ながら、以下に示す表情をしてみましょう。無言でもいいですが、何かセリフを言いながらもいいですね。セリフを思い

つかなければ、「はい」と言うだけでもいいでしょう。

- イキイキとした笑顔
- 真剣な表情（目力を意識）

練習問題2　姿勢

- 全身
  →姿見など全身が映る鏡があれば、人前で話す場合の立ち姿を確認してみましょう。背筋を伸ばしつつ、肩の力を抜いてリラックスした姿勢を意識してください。

- 顎の角度
  →顎の角度をいろいろ変えてみて、印象を確認してみてください。どの程度上げたり下げたりすると印象が悪くなるのか、よくわかるはずです。

練習問題3　動作

　次のセリフを言いながら、それぞれに示す動作をしてみましょう。左手に、マイクを持っている状況としてやってみてください。

- 「お伝えしたいポイントは、2つです」と言いながら指を2本立てる。
- 「では、みなさんで考えてみてください」と言いながら、手のひらを上に向けて聴衆の方を指す。

説明上手レベル

メリハリのつけ「型」：
スピード・強弱・抑揚

相手を退屈させずに話を聞いてもらうには、話し方にメリハリをつけることが効果的です。特に、**スピード、声の強弱、抑揚（声のトーン）** の使い分けを意識することで、相手の注意を引いたり、理解を助けたりすることができます。

スピードの調整

話の内容に応じて、話すスピードを調整することを意識しましょう。

重要な内容や初めて伝える情報はゆっくり と話せば、相手に考える余裕を与え、理解を促すことができます。一方、**相手にとって馴染みのある内容や事実の列挙などはテンポよく** 話すと、話全体に動きが出て、相手を退屈させません。

例えば、新製品の特徴を説明する際に、基本的な機能についてはテンポよく進め、新製品独自のウリの部分に差しかかったら、スピードを落としてゆっくり話して相手の興味を惹くようなイメージです。

声の強弱

声の強弱を使い分けることで、重要な部分を強調したり、相手の注意を向けさせたりすることができます。

重要なポイントや強調したい内容のときは、声を少し強める ことで、相手の注目を集めます。逆に、**あえてささやくような弱い声で話す場面を作ることで、相手に耳を傾けさせる** 効果を生むこ

ともあります。

例えば、プレゼンなどの場面で、「このシステムを使えば、従来品と比べて年間○○円のコスト削減になります」と声を強めてポイントを強調します。その後「さらに、今導入すると〜〜という特典もつきます」と伝えたいとします。この時、普通に伝えるのではなく、「実は、ここだけの話なんですが……」と声をひそめることで、聞き手の興味を惹きつける、といった要領です。

抑揚を意識

単調なトーンで話し続けると、相手は興味を失いがちです。**大事なキーワードを言うときや質問を投げかけるときには声のトーンを上げ**、相手の関心を惹きましょう。**話を収束させるとき、結論づけようとするときなどはトーンを落とす**と、落ち着いた印象になり説得力も出てきます。

例えば、「○○（キーワード）が大事なんです」と訴えたり、「どう思いますか？」と問いかけたりするときには声を少し上げます。「以上のような理由から、〜〜をすることとします」と話を締めくくるときには、声のトーンを低くして落ち着いて伝える、という感じです。

まとめ

メリハリのつけ「型」

- **スピードの調整**：重要・初めての情報はゆっくり、馴染みあり・事実の列挙はテンポよく
- **声の強弱**：強調したい内容は声を強く、耳を傾けさせたいときはあえて弱くもOK
- **抑揚を意識**：キーワードや質問はトーンを高く、結論づけなど落ち着かせたいときは低く

Let's Try!

メリハリのつけ「型」：練習問題

　次の文章は、セキュリティ対策のプレゼン原稿の一部です。

　声に出して、**メリハリをつけながら**、聞き手が興味を持って聞いてくれるような話し方を練習してみましょう。

　読み方はある程度示していますが、それも参考にしつつ、自分なりに考えて自由に読んでみてください。

企業にとって、危機管理は非常に重要な課題です。

（テンポよく）自然災害や事故、情報漏洩、コンプライアンス、信頼維持など対策すべきことは様々あります。

（ゆっくり）特に、昨今の（強く）**サイバー攻撃**の脅威は深刻です。過去3年間だけでも、全体の約（強く・高く）**30％もの**企業が何らかの攻撃を受け、**莫大な損害**を被っています。

（少し声をひそめて）実は、ここだけの話、私たちのクライアント企業でも最近深刻な被害がありました。（声を戻して）その対策のために導入した（強く）**新しいセキュリティ対策**についてご説明します。

（強く）**この対策を導入**することで、将来的なリスクを**大幅に軽減**できるのです。

（落ち着いたトーンで）皆さまの企業でも、早急に同様の対策を検討されることをおすすめします。

> 説明上手レベル

確実な伝え「型」：
大事なことは繰り返す

繰り返すことで覚えてもらう

　一度聞いただけで、すべての情報を覚えておくというのはとても難しいですよね。

　業務の説明を聞いた後に実際にやろうとして、「あれ？ ここはどうするんでしたっけ？」などと聞き返した経験、あなたにもあると思います。本を読んでいても、「なんて書いてあったっけ？」と前のページに戻って読み返すのも当たり前のことです。

　ですから、「人は、一度聞いたり読んだりするだけでは忘れてしまうもの」と割り切って、**大事なこと、確実に受け取ってもらいたいことは、繰り返し伝える**ようにしましょう。そうすれば、伝えたい情報が記憶に残りやすくなり、相手の理解も深まります。

繰り返しのバリエーション

▶▶ 同じ言葉を繰り返す

　重要な情報を伝える際、同じ言葉を繰り返すことで相手の記憶に刻み込まれます。

「大事なことなので、もう一度言います」などと伝えたうえで同じ言葉を繰り返せば、相手は注意を向けて聞いてくれるでしょうし、そのポイントを忘れにくくもなるはずです。

　また、印象的な短いフレーズにして繰り返すことで、キャッチフレーズのように相手の脳裏に焼き付けることもできます。

　例えば、コロナ禍で何度も耳にした「ソーシャルディスタンス」

や「三密（密閉・密集・密接）」などは記憶に新しいですよね。アメリカに目を移せば、キング牧師の「I have a dream……」やオバマ元大統領の「Yes, we can」などは、何年もの時を経ても多くの人の記憶に残っている繰り返しの名言です。

▶▶ **表現を変えて繰り返す**

同じ内容でも、**異なる言い回し**で繰り返す方法もあります。

例えば、「この作業の期限は金曜日です」と伝えたとします。その後に、「金曜日までにこの作業を終えないと他の業務に影響が出るため、早めに取り組んでください」と別の表現で繰り返すことで、相手は話し手の気持ちも含め理解してくれるでしょう。

繰り返しのタイミングと回数

▶▶ **最後に念押し的に伝える**

大事な情報は、**最後にもう一度伝えると、相手の記憶に残りやすい**です。

話の中で、「ここが大事なポイントです」と一度強調して説明したうえで、最後に再度、そのポイントを伝えます。第2章の「説明の型②」で紹介したPREP法は、まさにこの形ですね。

これは、心理学で新近効果（しんきんこうか）と呼ばれる現象を活用したもの。新近効果とは、「提示された情報の中で最後に与えられた情報が特に記憶に残りやすい」という現象のことです。

▶▶ **話のまとまりごとに振り返る**

いくつかのカテゴリーに分かれるような話をする場合は、ひとつの話が終わるごとに、そこまでを**簡潔に要約して振り返る**ことをおすすめします。そうすると、相手はその話のまとまりごとに、

自分の中に内容を落とし込むことができるからです。

人は、記憶を保持しながら集中して話を聞けるのは**15分から20分が限度**と言われています。そのため、特に、長めのプレゼンや研修、説明会などで話をする場合は、15分程度ごとに要約したり、疑問点がないか確認したりする**「振り返りの時間」を設ける**ことが効果的なのです。

この本で、各項目の最後にポイントをまとめた囲み部分を設けているのも、実はこういう意図でやっているのです。

▶▶ 3回以上繰り返す

確実に覚えてほしいことは、3回以上繰り返し伝えることにチャレンジしてみましょう。同じ言葉でも、表現を変えてでも、何度も繰り返すことで相手の頭の中に刷り込むイメージです。

この本でも、「前述したように〜ですが」などと、前の章で述べたポイントを改めて持ち出しながら説明しているところがちょくちょく出てきます。「まとめ」や「練習問題」も含め、チャンスがあれば、3回、4回と繰り返し伝えようとしているわけです。

ぜひ、**「覚えてほしいことは、3回以上伝える」**ということを意識してみましょう！

> **まとめ**
> ### 確実な伝え「型」
>
> - 大事なことは繰り返す
> - 同じ言葉で記憶に刻み込む、表現を変えて理解を深める
> - 「最後に念押し的に」「話のまとまりごとに」「3回以上」繰り返す

第3章　説明上手レベル…「わかりやすい」に磨きをかける「型」

Let's Try!

確実な伝え「型」：練習問題

あなたは、ある店舗のマネージャーです。以下の説明文で、販売スタッフに次に示すポイントを3回繰り返して伝えようとしています。

この説明文の**最後に、念押しするように繰り返す表現**を自由に考えてみてください。

[**伝えたいポイント**]

- セット割のキャンペーンを行う**今週の売り上げ目標は300万円**であること
- そのために、お客様に**セット割にする商品のおすすめポイントを丁寧に説明する**こと

[**説明文**]

今日から1週間セット割のキャンペーンを行いますが、**今週の売り上げ目標は300万円**です。この目標を達成するためには、お客様に、割引の話だけするのではなく、**セット割にする商品のおすすめポイントを丁寧に説明する**ことが重要です。

キャンペーンということで、来店されるお客様も増えるはずです。このタイミングをしっかり活かして、売り上げを伸ばしていきたいですね。

商品をすすめる際には、お客様にその価値を感じていただけるように話すことを意識しつつ、自信をもって提案してください。

300万円の売り上げを実現するためには、キャンペーン中の商品の中でもそれぞれの**お客様**にとって最適な**商品を選んで、その良いところを丁寧に説明する**ことが大切です。お客様の状況を確

認したうえで適切な商品を提示し、それを購入するとどんなメリットがあるのか、具体的にわかりやすく説明しましょう。お客様の満足度を高める提案が結果につながるので、一人ひとりのお客様に寄り添うように働きかけてくださいね。

回答

回答例

「**大事なことなのでもう一度言いますが**、今週の売り上げ目標300万円を達成するために、お客様にとって最適なセット割商品のおすすめポイントを丁寧に説明するよう頑張ってください。」

「**繰り返しになりますが**、今週の売り上げ目標は300万円です。お客様に、セット割の商品の良いところを丁寧に説明していきましょう!」

第**3**章　説明上手レベル…「わかりやすい」に磨きをかける「型」

> 説明上手レベル

業務指示のし「型」：
「目的」や「意義」もきちんと伝える

　ここでは、部下や後輩、派遣やアルバイトの方などに業務指示をする際のポイントを整理します。

　業務指示を行う際は、ただ「何をすべきか」を伝えるだけでなく、**その仕事の「目的」や「意義」をしっかりと説明する**ことが重要です。仕事を進める人が、作業内容だけでなくその業務がどういう意味を持つのかを理解することで、モチベーションが上がり、主体的に取り組む姿勢が生まれるからです。

　全体としては、次に示すようなステップに沿って業務指示を行うことで、相手が仕事にスムーズにとりかかることができ、こちらの思いとあまりズレのない業務遂行を期待できるでしょう。

　それぞれのステップごとに、事例として、ある1つの仕事についての伝え方を示します。

ステップ1：仕事の目的・意義を伝える

　まず、仕事の目的や意義を明確に伝えます。そうすれば、相手は、**何のためにその仕事をするのか、それがどんな貢献になるのか**を理解し、ポジティブに仕事に向き合うことができるでしょう。

> 「先日の展示会で集めたお客様の声について会議で報告するため（目的）に、あなたには、このアンケートを集計してもらいます。これは、今後の我が社の商品戦略につながる重要な業務（意義）です。」

ステップ2:仕事の全体像・大まかな流れを伝える

次に、仕事の全体像と大まかな流れを伝えます。相手が自分の担当部分だけでなく、全体の流れを把握できると、仕事を効率よく進める意識や責任感が生まれます。

> 「あなたがこのアンケートを集計してくれたら、それを元に私が報告書を作成して、金曜日の会議で執行部に報告する予定です。」

ステップ3:具体的な行動指示を伝える

「いつまでに・何を・どのように・どの水準まで・どのような点に注意して進めるか」を明確に伝えます。

このステップでは具体性が鍵です。曖昧な指示ではなく、具体的な**期限や成果物、達成基準**を伝えましょう。詳細を共有することで、こちらがやってほしいこととのズレを防ぎ、期待どおりの成果を引き出すことができます。

> 「今日の17時までに、このExcelの表にすべてのデータを入力して、○○のグラフを2種類作成してください。男女別と、20代30代といった年代別の2種類を、それぞれ円グラフでお願いします。最後の自由記述の欄も、モレがないように全部入力してくださいね。その中から私の方でピックアップして報告書に記載しますので。」

ステップ4：指示内容の理解度を確認する

　指示内容を伝えたら、相手が業務指示をきちんと理解しているかを確認しましょう。相手に「どのように進める予定ですか？」と確認して、もし誤解があればその場で修正します。そうすれば、無駄な作業や後々のトラブルを防ぐことができます。

> 「何か疑問点はないですか？　グラフはどんな手順で作りますか？」

ステップ5：中間報告や相談の方法を伝える

　仕事を進める途中での**報告や相談をどのタイミング（業務の段階や時間）で行うか、あらかじめ伝えておく**ことも大切です。仕事の方向性のズレやトラブル発生にできるだけ早く気づいて、問題が大きくなる前に解決できるようにします。

> 「1つ目のグラフができたら一度見せてください。そこまで進んでなくても、3時の時点で、一旦そこまでの進捗を報告してくださいね。もし何か行き詰まったらすぐに相談してください。」

ステップ6：着手を見届け、報告にはフィードバックを行う

　指示が終わったら、着手を見届け、**見守る姿勢**を示します。そして、中間報告や完了報告があった際には必ず**フィードバック**を行いましょう。よくできている、修正が必要など、具体的なフィードバックを通じて、その後の業務をスムーズに進めるための後押

しをします。

> 「では、さっそく始めてみてください。私も今日はずっと席にいますので、何かあれば声をかけてくださいね。」
> →（中間報告時）「このグラフは凡例と配色が明確で、データが一目で理解できていいですね。2つ目のグラフは凡例が増えるので、色のバランスを考えて作ってみてください。」

まとめ

業務指示のし「型」

- ①目的・意義を伝える
- ②全体像・大まかな流れを伝える
- ③具体的な行動指示を伝える
- ④指示内容の理解度を確認する
- ⑤中間報告や相談の方法を伝える
- ⑥着手を見届け、報告にはフィードバックを行う

Let's Try!

業務指示のし「型」：練習問題

　あなたが担当している仕事、または部下や後輩に指示するべき仕事から1つ業務を選んでください。その業務を部下や後輩に指示するならどのように伝えるかを、以下のステップに沿って考えてみましょう。

［ ステップ1：仕事の目的・意義を伝える ］

　何のために行うのか（目的）、どのように会社やチーム、社会に貢献するか（意義）を伝えましょう。

回答

［ ステップ2：仕事の大まかな流れを伝える ］

　相手に任せる部分以外も含めた全体像や仕事の流れを、相手に伝えます。

回答

［ ステップ3：具体的な行動指示を伝える ］

　期限や具体的なタスクの手順、達成水準、注意点を含めた詳細な指示を考えてください。

回答

ステップ4：指示内容の理解度を確認する

相手がきちんと理解しているかどうか確認しましょう。

回答

ステップ5：中間報告や相談の方法を伝える

進捗状況の報告タイミングや相談方法を指示しましょう。

回答

ステップ6：報告にはフィードバックを行う

業務開始後や中間報告時に、どのようにフォローアップするか考えてください。

回答

公式の「説明の型」中級編③

SDS法
[概要→詳細で理解しやすくする]

短時間で的確に伝える

中級編で最初に紹介するのは、**SDS法**です。第3章の「大きいもの→小さいもの順」のところで、**「概要→詳細」の流れで説明**することの効果について説明しましたが、この方法はそれを踏まえた「型」となっています。

構成は次のとおりで、それぞれの頭文字をとってSDS（エスディーエス）法といいます。

- **Summary（概要）**：（概要としては）〜です。
- **Details（詳細）**：（詳細としては）〜です。
- **Summary（まとめ）**：以上のように、〜です。

まず、伝えたいことの概要を述べて、次にその詳細を説明します。そして最後に、まとめとして要点を再度伝えて締めくくる流れです。

SDS法を使ったニュースの事例を見てみましょう。

> **S（概要）** 本日、○○市で環境保護と地域活性化の両立をめざした新しい図書館が開館しました。
>
> **D（詳細）** この図書館は、環境に配慮した最新の技術を採用しており、全館LED照明を使用し、屋上にはソーラーパネルや緑化コーナーが設置されています。また、地域住民が自由に使えるワークスペースや会議室、カフェも併設されており、文化の中心地や集いの場としての活用が期待されています。
>
> **S（まとめ）** このように、新しい図書館は、環境保護と地域活性化を両立させる画期的な施設として本日スタートしました。

最初に概要を示すことで、相手は「どの方向に話が進むのか」をまず把握できます。その下準備ができた状態で詳細な説明を伝えるので、相手はスムーズに理解しやすいです。そして最後に、再度まとめとして要点を強調することで、聞き手の記憶に残りやすくなります。

この型の最大のメリットは、概要を最初に示して、その後に詳細を説明することで、聞き手が内容を素早く認識し理解できる点です。

SDS法は、**ニュースや報告、短時間のプレゼンなど、比較的短い時間で情報を伝えたいとか、相手に迅速に理解してもらいたい場面で効果的**です。

限られた時間内で効果的に情報を伝える手法として覚えておいていただければと思います。

公式の「説明の型」中級編④

SBAR法
[医療現場での報告の型を活用する]

報告から提案へ

次に紹介するのは、**SBAR法**です。これは主に医療現場で**正確な情報伝達**を行うために用いられてきた報告の手法ですが、ビジネスの場でも効果的に使える説明の型と言えます。

構成は次のとおりで、それぞれの頭文字をとってSBAR(エスバー)法と呼ばれています。参考までに、それぞれのカッコ内には、医療現場での看護師から医師への報告事例を示します。

■Situation（状況）：現在〜という状況です。
　「○○さん（患者）が、〜の症状が出ています」
■Background（背景）：その背景としては、〜ということがあります。
　「○○さんは○日から〜の目的で入院中で、血圧は〜、脈拍は〜です」
■Assessment（評価）：この状況は、〜だと考えられます。
　「私は〜〜の恐れがあると思います」
■Recommendation（提案）：したがって、〜してはいかがでしょうか。
　「なので、至急診察していただけますか」

まず、現在の状況を簡潔に述べ、その後に背景を説明します。そして、状況や背景を踏まえた自分なりの評価を行い、最後にそ

れに対する具体的な提案をするという流れです。

SBAR法を使った、ある大学での「状況報告→提案」の事例を見てみましょう。

S（状況）　先ほど近隣住民から、学生の迷惑駐輪についてのクレーム電話がありました。
B（背景）　最近できた○○の店舗の駐輪場が狭く、本学の学生がよく、その近くの住宅前に自転車を置いてしまっているとのことです。
A（評価）　大学としても至急何らかの対策を取らないと、そのような学生がさらに増えると考えられます。
R（提案）　ひとまず、全学生に対して、迷惑駐輪をしないよう注意喚起のメールを送ろうと思うのですが、いかがでしょうか。

最初に状況を伝えることで、相手は「何が起きているか」をすぐに把握できます。次に、その状況に至った背景の説明によって、相手が問題の全体像を理解でき、評価に進むときに納得しやすくなります。そして、その評価に基づいた具体的な提案を行うことで、相手に了承してもらいやすくなるでしょう。

これは、前半が「事実」、後半が「考え」ということにもなりますね。「事実」を報告して自分の「考え」を提案するわけです。

SBAR法は、**発生した「報告すべき状況」を的確に伝えると同時に、その状況を改善するための提案を行いたい場面で特に有効**です。例えば、トラブル報告とその解決策の提案を一緒に行うときなどにおすすめです。

公式の「説明の型」中級編 ⑤

TAPS法
[目標達成への解決策を示す]

目標を達成するために

次に紹介するのは、**TAPS法**です。これは、**目標達成に向けた現状分析と解決策を提示**するために使われる型です。

構成は次のとおりで、それぞれの頭文字をとってTAPS（タップス）法と呼ばれています。

- **To Be（理想）**：理想（目標）は〜です。
- **As Is（現状）**：それに対して現状は〜です。
- **Problem（問題）**：それ（理想と現状の間にあるギャップ）は、〜が問題となっているからです。
- **Solution（解決策）**：それは〜によって解決できます。

まず、理想（あるべき姿・目標）を述べ、その目標に届いていないという現状を伝えます。そして、何が問題で現状止まりなのかを明確にしたうえで、目標達成するための解決策を提案する流れです。

TAPS法を使った提案の事例を見てみましょう。

138

> **T（理想）** 今年度中に、売上を前年比20％増加させることを
> 目標としています。
> **A（現状）** しかし、先月分の売上は前年同月比で5％増加に
> 留まっています。
> **P（問題）** 新規の顧客は増えているものの、既存顧客のリ
> ピート率が落ちているのが課題です。
> **S（解決策）** そこで、既存顧客のリピート率を高めるために、
> 既存顧客を対象として、購入回数に応じた割引制度を導入す
> ることを提案いたします。

　最初に目指すべき理想の姿（目標）を述べたうえで現状を伝えることで、相手は、なぜ目標に到達できていないのか？　という意識になりますよね。そこで、現状に甘んじている理由＝問題点を明らかにするのです。

　相手が問題点を把握できたところで、それを解決できる、つまり、目標を達成できる具体的な方法を提案するので、相手はその提案を受け入れやすくなるでしょう。

　TAPS法は、**目標に向けて計画を立てる場面や、現状分析を通じて改善策を提案するプレゼンなどの際に非常に効果的**です。

　それ以外にも、お客様や部下、自分自身の理想や課題を整理し、解決策を見つけるなど、様々な場面で応用できる手法です。ぜひ活用していただきたいと思います。

Column

質問対応の「5K」

　プレゼンなどの場で質問があった場合の対応の仕方をご紹介します。まずは、相手の質問内容を集中してよく聞くことが大切です。そのうえで、次の「5K」のステップで対応するといいでしょう。

①**感謝**：最初に、質問してくれたことへ感謝の言葉を述べます。
「（とてもいい）ご質問ありがとうございます」

②**確認**：質問の趣旨や内容を繰り返したり、表現を変えて要約したりしながら確認します。こうやって確認している間に、質問に対する回答（次のステップ）を考えるといいでしょう。
「ご質問の内容は、〜〜ということでよろしいでしょうか？」
「つまり、〜〜ということを確認されたいのですね？」

③**回答**：質問に対する回答を簡潔に述べます。質問者の疑問にまっすぐ答える「結論」から伝えることを意識しましょう。
「結論としては、〜〜です。なぜなら〜〜だからです。（例えば〜〜）」

④**確認**：回答が質問者の求める答えになっているかを確認します。
「よろしいでしょうか（答えになっておりますでしょうか）」

⑤**感謝**：感謝の言葉で締めることで、相手がさらに満足したり、質問で時間を使わせたといった罪悪感を解消したりできるようにします。
「（ほかのみなさんにも参考になったことと思います。）ありがとうございました」

第 **4** 章

説 明 達 人 レ ベ ル

聞き手の「感情」を 動かす「型」

説明達人レベル

伝え方の幅の広げ「型」: 言い換える・語彙を増やす

言い換えの効果

　何かを表現する際に、つい同じような言葉ばかり使ってしまうことはないでしょうか。例えば、何かを褒めるにしても「いい」「きれい」「うまい」とか。若い人だと「すごい」「やばい」など。

　いつもこのような「ざっくりとした単純な形容詞」ばかり使っていると、「表現力がない」とか「子供っぽい」とさえ思われてしまう可能性がありますよね。

　説明が上手な人ほど、**多様な表現の仕方を持っていて、相手や状況に合わせて言い換える**ことができます。

　例えば、「いい提案ですね」と伝える場合。相手によっては「いい」の言葉だけでは平凡に感じられるかもしれません。ここで、「ニーズを先取りしたような斬新な提案ですね」「実践しやすくて効果的な提案ですね」と言い換えることで、相手にその提案の新鮮さや具体的な価値を伝えることができます。

　また、「コストを抑えましょう」と言いたい場合。これを「無駄な支出を削減しましょう」と言い換えると、より問題解決に焦点を当てた表現となり、相手の受け止め方も変わります。

　このように、**平凡な言葉をより細かなニュアンスが伝わる言葉に言い換え**たり、**伝えたい内容を別の角度から説明し直し**たりすることが、相手への伝わり方や印象を大きく左右します。

　多様な表現ができる人は、「言いたいことを適切に伝える力がある」と感じてもらえたり、「大人」で「プロフェッショナル」

だという印象を与えたりすることもできるでしょう。

感情に訴えることもできる

　言い換え方によっては、言いたいことを適切に伝えるだけではなく、**相手の感情に訴えかける**こともできます。

　例えば、「良い成果が出ました」と言う代わりに、「皆さんのおかげで素晴らしい成果を上げることができました」と感謝を込めた言い方にするとどうでしょう。聞き手の自己重要感を増し、よりハッピーな気持ちにさせることができるのではないでしょうか。

　「このプロジェクトは難しい」という言葉を、「このプロジェクトはチャレンジングでやりがいがある」とポジティブに言い換えれば、相手に前向きな気持ちを持ってもらうこともできるでしょう。

　このような言い換えは、相手に「自分ごと」として捉えさせる力を持っています。ただ情報を伝えるだけではなく、**相手の感情を動かし能動的な行動につなげられる**かもしれないのです。

語彙を増やす

　こういった言い換えができるようになるには、**語彙を増やすことが大切**です。語彙が増えることで、同じ内容でも様々な角度から表現できるようになり、伝え方の幅が大きく広がります。

　例えば、先ほどの「成果を上げる」というフレーズも、「目標を達成する」「成功を収める」など、違ったニュアンスでの言い換えが可能です。

　豊富な語彙力を持つことは、単に伝え方の幅が広がるというだけではありません。「状況や相手の理解度、目的に応じて、焦点を絞った適切な表現ができる力」、つまり**「臨機応変な表現力」**

という強力な武器を持つことになるのです。

　具体的な語彙の増やし方については、この次の項目で説明します。

> **まとめ**
>
> ## 伝え方の幅の広げ「型」
> ....
>
> - ■ 「より細かなニュアンスが伝わる言葉」や「別の角度から説明する言葉」に言い換える
> - ■ 言い換え方によっては、相手の「感情を動かす」こともできる
> - ■ 語彙を増やし、「臨機応変な表現力」を持つ

Let's Try!
伝え方の幅の広げ「型」：練習問題

　以下の例文を、より細かなニュアンスが相手に伝わる具体的な表現に言い換えてみましょう。相手へ与える印象や効果を考えながら取り組んでください。

練習問題1 　具 体 的 な 価 値 を 伝 え る

　次の表現を、より**具体的な価値が伝わるように**言い換えてみましょう。

「この改善案は、**いい**アイデアですね」

回答	この改善案は、 アイデアですね

回答例	「この改善案は、大幅なコスト削減ができる画期的なアイデアですね」 「この改善案は、現場の課題を的確に捉えた実践的なアイデアですね」 「この改善案は、すぐに実行できて効果も期待できる素晴らしいアイデアですね」

練習問題2 **ポジティブな表現にする**

　次の文章を、**ポジティブな印象になる表現**に言い換えてみましょう。

「今回のプロジェクトは、**大変でした**」

回答	今回のプロジェクトは、

回答例	「今回のプロジェクトは、皆と一緒に多くの困難を乗り越えるいい経験になりました」 「今回のプロジェクトでは、チーム全員の頑張りで、難しい課題を解決できました」 「今回のプロジェクトは、大きな壁もありましたが、この経験は私の財産になりました」

説明達人レベル

語彙の増やし「型」：
本や類語辞典、生成AIに触れる

多様なジャンルの本を読む

語彙の増やし方にはいろいろありますが、昔からある方法で実践もしやすいのは「本を読む」ということでしょう。本にも幅広いジャンルがありますので、多様な本に触れることが非常に有効です。

実用書やビジネス書では、生活や仕事で役立つ知識に加えて、自分では使ったことがないけれど**仕事上で有用な言葉・表現にも出会えます**。ズバリ、「語彙力強化のための本」もたくさん出版されていますよね。齋藤孝さんの「大人の語彙力ノート」（SB Creative）などは有名です。具体的な言い換え表現がたくさん載っているので、とても勉強になります。

普段あまりなじみのない**専門書**なども、試しに読んでみると面白かったり、意外な表現を発見したりするかもしれません。

小説などの文学作品では、**深みのある豊かな表現や美しい比喩に出会う**ことができますよね。好きな作家の本ならモチベーションも上がりますし、作家によっても表現に特徴があったりして、その感性に刺激を受けながら語彙力を磨くことができます。

例えば私は、梶井基次郎が短編小説「檸檬」の中でレモンの形を「丈の詰まった紡錘形の恰好」と表現していたことで、「紡錘形」という形の名前を知った気がします。「レモンエロウの絵具をチューブから絞り出して固めたようなあの単純な色」という描写も好きでした。

こうした多様な本を読んでいくことで、その中に散りばめられ

146

た数えきれないほどの表現が読む人の中に蓄積されていきます。そしてその積み重ねが、私たちの語彙の幅を広げ、状況に適した効果的な言葉を選ぶ力を養ってくれるのです。

類語辞典や生成AIに触れてみる

類語辞典は、ある言葉と同じような意味の別の言葉を探すのに役立ちます。今は、実物の類語辞典を手元に持っている人は少ないかもしれませんが、インターネット上で簡単に調べられますよね。

例えば「素晴らしい」の類語を調べたければ、「素晴らしい」+「類語」と検索すれば、ネット上にある類語辞典の「素晴らしい」の箇所が検索結果の上位に出てくるはずです。試しに検索してみると、「Weblio実用類語辞典」では、「優秀、卓越、秀逸、見事、感動的、胸を打つ、心に響く～～」などなど合計66語もの類語を示してくれました。

その中から、自分が感じた「素晴らしさ」に一番しっくりくる語を選んで使うことで、それが自分自身の言葉になっていきます。示されたほかの言葉も、一つひとつ意味を考えながら見ていけば、あなたの意識の中にふわっと蓄積されていくことでしょう。

単語レベルなら類語辞典でOKですが、**文章レベルであればChatGPTやClaudeなどの生成AIが便利**ですね。生成AIに「この文章の言い換え」や「この状況に合う他の表現」を質問すれば、自分では思いつかない言い回しも含め多様なバリエーションの文章を示してくれます。

さらに、「中学生にもわかるように」とか、「謙虚な感じで」など条件も指定すれば、より自分が求めるものに近い言い換えをしてくれるはずです。

新しい言葉を収集して、実際に使ってみる

　日常生活の中でも、好奇心を持って新しい言葉や表現を収集することが大切です。誰かとの会話やテレビ、動画、本、新聞、ネットなどで見聞きしてきた中に、「この表現は面白い」「こんな言い方があるのか、使ってみたい」と感じた表現、きっとあなたにもあると思います。

　読書したり、調べたり、そして日常生活の中で出会ったりして新たに知った言葉は、試しにすぐに**使ってみたり、メモしたりする**のがおすすめです。**メモが蓄積されれば、自分だけの「語彙力ノート」**が出来ていきます。それらを会話やメールなどで実際に使っていくうちに、自分の表現として自然に定着し、日々のコミュニケーションがさらに豊かになるでしょう。

まとめ

語彙の増やし「型」

- 多様な本を読み、その中の言葉を蓄積していく
- 類語辞典や生成AIで調べて、同じような意味の別の表現に触れる
- 日常生活の中でも新しい言葉を収集して、実際に使ってみる

Let's Try!　語彙の増やし「型」：練習問題

　実際に語彙を増やすきっかけとして、以下の練習に取り組んでみましょう。回答例はあくまでも参考です。同じような意味でも、自分が使いやすい表現を見つけることが大切です。

練習問題1 　**類語辞典で調べてみる**

　次の言葉について、**類語辞典を使って**、似た意味の単語を3つ以上探してみましょう。

「適切な」

回答	・	・	・

回答例	・的確な ・妥当な ・適当な ・最適な ・ふさわしい

練習問題2 　**生成AIを使ってみる**

　次の文章について、**生成AI（ChatGPT、Claude、Geminiなど）を使って**、同じような意味の別の表現を出してもらい、その中で一番しっくりくる文章を書き出してみましょう。生成AIを使うのが難しければ、自分なりに考えてみてください。

「この件について、至急検討いたします」

回答	

回答例	「この内容について、速やかに検討を開始いたします」 「この件について、早急に確認のうえ、対応させていただきます」 「本件につきまして、ただちに内容を精査させていただきます」

第**4**章　説明達人レベル：聞き手の「感情」を動かす「型」

149

説明達人レベル

語彙力強化のし「型」：
場面別表現事例

　語彙の増やし方について述べてきましたが、ここでは、**実際の表現事例**を少し紹介します。かなり限定的ではありますが、職場でよくある場面別に、言い換え表現を数例ずつピックアップしてみました。

　同じ場面では同じ言葉ばかり使ってしまうという場合は、**自分でも場面ごとに数パターンずつの表現を持っておく**といいでしょう。次に示す中から使えそうな言葉があれば、ぜひ使ってみたり、パターンを増やす参考にしてみたりしてください。

▶▶ **よく使う言葉**

■ 「なるほど」
　→「おっしゃるとおりですね」「たしかにそうですね」「それは興味深いですね」「ごもっともです」「それも一理ありますね」「鋭いですね」「説得力ありますね」

■ 「わかりました」
　→「承知しました」「かしこまりました」「承りました」「お任せください」

▶▶ **クッション言葉**

■ 「申し訳ありませんが」
　→「恐れ入りますが」「大変恐縮ですが」「あいにくですが」「大変残念ですが」

■ 「もしよろしければ」

　→「お差し支えなければ」「ご都合がよろしければ」「ご無理が
　　なければ」「可能であれば」

■ 「お手数ですが」

　→「ご面倒をおかけしますが」「ご迷惑かと思いますが」「お手
　　数をおかけして恐縮ですが」

▶▶ 断るとき

■ 「参加できません」

　→「あいにく、都合がつかず参加が難しいです」「大変残念で
　　すが、今回は都合がつかず見送らせていただきます」「せっ
　　かくの機会ですが、残念ながら参加がかないません」

■ 「お受けできません」

　→「大変恐縮ですが、お引き受けいたしかねます」「あいにく、
　　お力になれそうにありません」「ご期待に沿えず申し訳あり
　　ませんが、お受けするのは難しい状況です」「お役に立てず
　　心苦しいのですが、今回は難しい状況です」

▶▶ お願いするとき

■ 「お願いします」

　→「ぜひお願いできますでしょうか」「お力添えいただけない
　　でしょうか」「ご協力いただけると助かります」「お力を貸し
　　ていただけるとありがたいです」

■ 「教えてください」

　→「ご教示ください」「ご教授いただけますか」「ご指導お願い

いたします」

■ 「確認してください」
　→「お目通しください」「ご一読いただけますか」「ご確認のほ
　どお願いいたします」

▶▶ **ほめるとき**

■ 「素晴らしいです」
　→「さすがです」「お見事です」「秀逸です」「完璧です」「脱帽
　です」「想像以上です」「感動しました」「感服しました」「際
　立っています」「驚嘆するばかりです」

▶▶ **お礼を言うとき**

■ 「ありがとうございます」
　→「心からお礼申し上げます」「感謝の気持ちでいっぱいです」
　「ご協力に深く感謝します」「お力添えに感謝申し上げます」
　「大変助かりました」「おかげさまでスムーズに進みました」
　「ご尽力ありがとうございました」「お心遣い、痛み入ります」

まとめ
語彙力強化のし「型」

■ よくある場面ごとに、自分でも数パターンずつ表現事例を持って
おく
■ 使えそうな言葉があれば、さっそく使ってみる、パターンを増やす
参考にする

Let's Try! 語彙力強化のし「型」:練習問題

　ここで挙げた例以外にも、日々の業務には様々な場面があります。次の場面での表現パターンを1〜3つ考えてみましょう。

練習問題1　お詫びするとき

「誠に申し訳ございません」

回答	

回答例	「心よりお詫び申し上げます」 「ご期待に沿えず、誠に申し訳なく思っております」 「このようなご迷惑をおかけし、お詫びの言葉もございません」

練習問題2　自分の意見を述べるとき

「〜した方がいいと思います」

回答	

回答例	「〜という方法も一案として考えられるかと思います」 「私見ではございますが、〜という進め方はいかがでしょうか」 「私の経験では、〜という方法が効果的でした」

第4章　説明達人レベル：聞き手の「感情」を動かす「型」

説明達人レベル

プレゼンでの聞き手の動かし「型」

　プレゼンテーションや社内研修など、数十分とか長い時間話すことがありますよね。しかし、人間の脳は、「ただ話を聞いているだけ」といった**受け身な状態が10分以上続くと興味を失い始める**と言われています。

　そうなると、聞き手は眠くなったり、ほかのことを考えたりしてしまい、こちらの伝えたいことが聞き手に伝わらなくなる可能性があるのです。

　それを避けるには、一方的に話すのが10分を超えないようにすることが大切です。**10分以上話してしまう前に、聞き手を動かす**ことを意識しましょう。具体的には、聞き手の**「頭」や「手」、「口」**を動かします。そうすることで、聞き手が自分から動く「能動的」な状態になり、飽きずに聞いてもらえるようになるのです。

　なお、オンラインの場合は、興味を失い始めるまでの時間がもっと短いらしいので、より早めにアクションを起こすことをおすすめします。

聞き手の「頭」を動かす

　手っ取り早いのは、聞き手の**頭（脳）を動かす＝考えさせる**ことです。聞き手が何かを考えるような言葉を投げかけます。

　例えば、「みなさんも、○○したことありませんか？」とか「これは、どのように使うと思いますか？」「ちょっと想像してみてください」など、様々な投げかけ方があります。

　問いかければ、聞き手は頭の中で考えてくれます。その問いか

けが自分に当てはまれば、心の中で「あるある！」と共感したりするかもしれません。

イエス・ノーで答えられるような問いかけには、うんうんと頷いたり、首を横に振ったり、頭自体を動かして答えてくれる人もいたりします。それは聞き手をきちんと動かせているサインでもありますので、安心して続きを話すことができます。

聞き手の「手」を動かす

聞き手の**手を動かす**というのは、**手を挙げてもらうとか、何かを書いてもらう**ということです。

手を挙げてもらうなら、例えば「これ聞いたことあります？ ある方、挙手いただけますか？」というように問いかけとセットで手を挙げてもらいます。プレゼン会場内で、挙手でアンケートを取るのもいいですね。「赤がいいと思う方、手を挙げてください。次に、青がいい方？ では、白がいい方？」など。そうすると、会場全体が参加しているような活気も出てきます。ただし、手を挙げることに恥ずかしさを感じる人もいるので、強制的な要求だと感じられないよう言い方に配慮することも大切です。

書いてもらうなら、例えば、「この2行目の〜〜のところ、大事なのでアンダーラインを引いてください」とか「この空欄に、ご自分の〜〜を書いてみてください」といった言葉をかけます。

オンラインなら、リアクションボタンを押してもらったり、チャットに書き込んでもらったりするといいでしょう。

単純に手を動かすといっても、動かすためには考える必要もあるわけですから、頭と手を動かすことになるのでおすすめです。

聞き手の「口」を動かす

そして、聞き手の**口を動かす**というのは、**聞き手にしゃべって**

もらうということ。

　例えば、「この点についてどう思いますか?」などと質問を投げかけて、近くにいる人など1〜2名に答えてもらうだけでもいいです。そうすれば、答えた人だけではなく、周りの人も自分で考えてみたり、答えた人の発言が参考になったりします。

　また、「2分間、隣の方と話してみてください」などと短い共有の時間を持つのもいいですね。全員が口を動かすことになり、会場全体に笑顔や活気が生まれたりします。

　このように、聞き手の**「頭」「手」「口」を効果的に動かすことで、受け身になりがちなプレゼンの時間を「能動的」な体験に変える**ことができます。聞き手が動けば動くほど、聞き手の感情も動いて、話の内容が記憶に残ったり、共感や理解が深まったりする相乗効果も得られるのです。

まとめ

プレゼンでの聞き手の動かし「型」

- **頭を動かす**:問いかけて考えさせる
- **手を動かす**:質問して挙手してもらう、書いてもらう
- **口を動かす**:質問して答えてもらう、ペアなどでの共有の時間を持つ

Let's Try! 　　プレゼンでの聞き手の動かし「型」:練習問題

　あなたは、**新しい「業務改善案」**について20分程度のプレゼ

ンをすることになりました。

　聞き手に興味を持って聞いてもらえるよう、以下の3つの場面で、聞き手を動かす工夫を自由に考えてみましょう。

練習問題1　**導入部分で、聞き手の「頭」を動かす**

　聞き手が考えたくなるような、**「業務改善」に関する問いかけ**の表現を考えてみましょう。

回答	

回答例	「皆さんも、日々の業務で『もっと効率化できないかな』と感じることはありませんか？」 「今の○○業務の進め方に、何か課題を感じたことはないでしょうか」 「このグラフを見て、何か課題が見えてきませんか？」

練習問題2　**中盤で、聞き手の「手」を動かす**

　資料を使うなどして、**聞き手の手を動かすようなこと**を言ってみましょう。

回答	

第**4**章　説明達人レベル：聞き手の「感情」を動かす「型」

157

| 回答例 | 「重要なポイントですので、資料2ページ目の5行目にアンダーラインを引いてください」
「この表の空欄に、ご自身の部署で当てはまるものを書き込んでいただけますか」
「この1～3の選択肢の中から、最適だと思うものの番号を指で表してみてください。決まりましたか？ では、一斉にいきますよ？ 『せーの！』」 |

練習問題3 　終盤、聞き手の「口」を動かす

聞き手に**発言してもらうための表現**を考えてみましょう。

| 回答 | |

| 回答例 | 「これまでの説明を踏まえて、改善案についてどう思われるか、ご意見をいただけますでしょうか」
「この案について、気になる点はございますか？」
「では2分ほど、お隣の方と改善案について意見交換をしてみてください」 |

説明達人レベル

「質問」や「間」の使い「型」

　聞き手に、**飽きずに注意を向けて話を聞いてもらう**ためには、**「質問」や「間」を活用する**ことが効果的です。

　それぞれの使い方について解説します。

「質問」の使い方

　前の項目で聞き手の「頭」や「手」を動かすために「質問」することの大切さについて述べましたが、質問の有用性はそれだけではありません。

　質問をすることで、それに対して聞き手は考えます。それは、「頭」を動かすことでもあるのですが、話されている内容について、**聞き手が「自分ごと」として考えるきっかけ**にもなるわけです。そうすることで、話のテーマに、より関心を持ったり、深く理解したりすることにもつながります。

　また、質問に答えてもらうことで、**聞き手の状況を把握する**こともできます。例えば、プレゼンのテーマが少し専門的だった場合など、その認知度を聞いてみるのもいいですね。

　具体的には、まず「○○についてよくご存じの方、どれくらいいらっしゃいますか？」と聞いて、挙手した人数をだいたい把握します。続けて、「では、○○という言葉は知っているとか、少しだけ知っているという方？」と質問する。最後に、「では、今日まで知らなかったという方？」と聞く、といった要領です。

　このようにして、聞き手の認知度を把握できれば、その状況に合わせた言葉選びをするなど、自分の話し方に反映させることも

第4章　説明達人レベル：聞き手の「感情」を動かす「型」

159

できます。

これを、**クイズ形式**にすれば、より楽しんでもらうことも可能です。例えば、伝えたいポイントを3つ程度の選択肢の1つにして、「さて、ここでクイズです。次の、A、B、Cのどれを使うと解決するでしょう？」といったクイズにしてみるのです。

こうすることで、聞き手も楽しんで参加しつつ、その話のポイントを知ることができます。

このように質問は、「説明の内容」と「聞き手」を関わり合わせるためのツールと言えるでしょう。そして、双方向のコミュニケーションを生み、場を活性化することにもつながります。特にクイズ形式は、聞き手に学びを楽しんでもらいつつ記憶に残らせる効果もあるのです。

「間」の使い方

「質問」とあわせて、「間」を上手に使うことも効果的です。「間」とは、数秒間何も話さない**沈黙の時間**のことです。

「質問」をしたり、「想像してみてください」などと投げかけたりしたら、相手に考えてもらう必要があります。なので、そういった**「聞き手に考えさせるような投げかけ」をしたあとは、すぐに次の発言をせずに、数秒間の「間」＝考える時間を取ってあげる**ようにしてください。「間」を取ることで、「質問」の効果を発揮することができます。

このほか、「間」には、**聞き手の注意を引いたり、伝えたいポイントを印象付けたり**する効果もあります。

例えば、前ページの最初の文章「聞き手に、飽きずに注意を向けて話を聞いてもらうためには、『質問』や『間』を活用することが効果的です」について。

これを、プレゼンで話すとしたら、一文続けてさらっと言うと、ほかの文章と同じ程度の印象しか残らないでしょう。

それを、「聞き手に、飽きずに注意を向けて話を聞いてもらうためには……」と言ったところで、**3〜5秒の「間」**を空けます。そうすると聞き手は、「何だろう？」と思って、話し手の顔を見たりします。

そうやって注意を引いてから、聞き手を見回すようにしながら「『質問』や『間』を活用することが効果的です」とポイントを伝えるのです。そうすると、「間」を取ったあとに発した言葉が強く印象付けられます。

それに加えて、その**ポイントを伝えたあとにも、少し「間」を置く**のがおすすめです。そうすれば、聞き手が、そのフレーズを反芻して自分の中に落とし込んだり、「『間』を活用するってどういうことだろう」と考えたりする時間を作ってあげることができるのです。

つまり、「間」を取るおすすめのタイミングとしては、**「質問を投げかけた後」**や**「大事なことを言う前と後」**ということになります。

> **まとめ**
>
> ### 「質問」や「間」の使い「型」
>
> - **「質問」の使い方**：自分ごととして考えさせる、聞き手の状況把握、クイズで楽しませる
> - **「間」の使い方**：「質問」の後は考える時間を取る、大事なことを言う前は注意を引く、大事なことを言った後は自分の中に落とし込む時間

第4章　説明達人レベル：聞き手の「感情」を動かす「型」

Let's Try!

「質問」や「間」の使い「型」：練習問題

あなたは、新入社員に向けて**「社内システムの使い方」**について説明をすることになりました。新入社員は入社後一定期間経過しており、システムの使用状況は人によって異なるものとします。

以下の場面での、質問や間の使い方を考えてみましょう。

練習問題1　聞き手の状況を把握する

説明の冒頭で、社内システムの利用状況や難易度など、**聞き手の状況を把握するための質問**を考えてみましょう。説明の場としては、対面・オンラインのどちらでもOKです。

回答

回答例

「このシステムをまだ使ったことがないという方、どれくらいいらっしゃいますか？」

「このシステムの操作が難しいと感じている方、手を挙げていただけますか？ ありがとうございます。では、特に問題なく使えている方は？」

「普段よく使う機能について、チャットに記入していただけますか？」

練習問題2 **大事なポイントを印象付ける**

　以下の文章を、**「間」を使って印象的に伝える**としたら、どこでどのように間を取りますか？ スラッシュ（／）を入れて示してみてください。

「このシステムで最も気をつけていただきたいのはデータの保存場所です」

回答	この　システムで　最も　気をつけて　いただきたい のは　データの　保存場所　です

回答例	「このシステムで／（短い間）最も気をつけていただきたいのは／（数秒間の間を取り、聞き手の顔を見回しながら）データの保存場所です／（間）」 「このシステムで最も気をつけていただきたいのは／（間を取り、強調するように）データの保存場所／（短い間）です」

第**4**章　説明達人レベル：聞き手の「感情」を動かす「型」

163

説明達人レベル

言葉のクセ（フィラー）の治し「型」

言葉のクセ：フィラー

　みなさんも、何か説明をしている最中に**「あのー」や「えー」、「えーと」といった言葉**を半ば無意識に口にしてしまうことはないでしょうか。こうした言葉が話し方のクセとなり、頻繁に出てくると聞き手が気になってしまうことがあります。

　これらは**「フィラー（filler）」**と呼ばれるもので、**次の言葉を発するまでの「つなぎ」**として無意識に言ってしまう言葉です（「filler」は、「埋めるもの」「詰め物」といった意味の英語）。

　これを言っている間、人は、何かを思い出そうとしていたり、次に何を言うかを考えていたりします。また、「この先も話しますよ」という意思を伝える役割もあると言われています。

　フィラー自体は誰にでも見られるものですが、例えば、プレゼンで「えー、私がご紹介するのは、えー、我が社の新しいプロジェクトでして、あのー」と話されたらどうでしょう。聞き手は、なんだか気になって話に集中できなかったり、「自信がないのでは？」とか「この人に任せて大丈夫かな？」と不安になったりするかもしれませんよね。

　このようにクセになっている場合は、フィラーを減らすことを意識しましょう。

フィラーの減らし方

　フィラーを改善するための第一歩は、**自分がどのくらいフィラーを使っているかをチェック**することです。自分で話しながら、

意識して自分の話を俯瞰するように聞いてみましょう。録音できるなら、それが一番わかりやすいですね。そうやって、自分がフィラーを使っている頻度やタイミングを確認して、聞き手が気にならない程度かをチェックしましょう。

そして、フィラーを減らすためにも大切なのは**「事前準備」を
しっかりすること**です。事前に、伝える内容をしっかりと整理し、話の流れを確認しておきます。さらにリハーサルもしておけば、「次に何を言おうか」と迷う時間が少なくなり、フィラーを使う場面は自然と減ります。

ただし、準備していても話しながら「次に何を言うんだっけ」と思うこともあるでしょう。そういった瞬間に「あのー」と言いそうになったら、**頑張って口を閉じて「沈黙」**を選びましょう。

つまり、「間」を取るということです。「間」を怖がる必要はありません。先述したように、その時間は、聞き手にとっても話を落とし込んだり、より理解を深めたりする時間になるからです。

それでも、どうしても何か言った方が落ち着くといった場合は、代わりの言葉を決めておくのがおすすめです。「あのー」の代わりに、例えば**「さて」「そして」といった接続詞を用意**しておくと、「何か言わなくては」という気持ちも満たしつつ、間を埋められます。こうした言葉であれば、聞き手にもあまり気にされず、話の流れもスムーズになるでしょう。

練習が大切

フィラーをなくすのは実は結構難しいので、練習することが大切です。完全になくす必要はありませんが、大事な場では、できるだけ少なくするように意識しましょう。最初は違和感があるかもしれませんが、練習して慣れてくれば自然に改善できるはずです。

フィラーがほとんどなくなると、**話に自信がある印象や安心感**を聞き手に与えることができます。話し方にプロフェッショナルさを感じてくれるかもしれません。話の流れも遮られず、聞き手が集中して聞けるようになることで、理解度が高まり、共感してくれる可能性も高まります。

まとめ

言葉のクセ（フィラー）の治し「型」

- 「あのー」などの「つなぎの言葉（フィラー）」を減らそうと意識する
- どれくらい使っているか自己チェック → しっかり事前準備
- 言いそうになったら「沈黙」or「代わりの言葉」→ 練習する

Let's Try!　言葉のクセ（フィラー）の治し「型」：練習問題

フィラーを減らす練習をしてみましょう。

練習問題1　フィラーを使わないで言ってみる

次の発言について、フィラーを使わない**具体的な言い方**や**対処法**を考えてみましょう。

「えーと、今月の売上状況について、あのー、ご報告いたします。えー、全体としましては、〜〜」

回答

・フィラーを使わない言い方：

・その他の対処法：

回答例

・フィラーを使わない言い方：「さて、今月の売上状況についてご報告いたします。（間）まず、全体としましては、〜〜」

・その他の対処法：「要点をメモしておく」「事前に練習しておく」「『それでは』『次に』など、接続詞を意識して使う」

練習問題2　**実 践 練 習**

　あなたが直近で**上司など**に**報告**する必要があることを考えてください。その報告の出だしの部分を、実際に声に出して話してみましょう。その際、フィラーを使わないよう意識してください。
＊実際に声に出して練習することで、フィラーを意識的に減らす訓練になります。

回答

回答例

「先日の○○会議の内容について、ご報告いたします。（間）まず、今回の目的は、〜〜」

第4章　説明達人レベル：聞き手の「感情」を動かす「型」

167

説明達人レベル

感情の揺さぶり「型」：
ストーリーを語る

ストーリーの力

　ただの事実やデータだけを聞いても、理解はできても感情まで動かされることはあまりありません。けれど、共感できるストーリーが一緒に語られたとき、心を動かされた経験は皆さんにもあるのではないでしょうか。

　ストーリーには、私たちの感情を動かし、行動を促し、記憶に残りやすくする力があります。

　これは、研究でも証明されています。例えば、スタンフォード大学のジェニファー・アーカー教授の研究では、ストーリーは、「事実だけよりも最大22倍も記憶に残りやすい」「人が説得されやすくなる」「人を感情的に動かす」ことが明らかにされているのです。

　そんな効果があるなら、聞き手に影響を与えたい場面では、ストーリーを語らない手はないですよね。

相手が共感できるような「体験」を語る

　相手に心からわかってほしいときは、伝えたいことをそのまま話すだけでなく、それに当てはまるような具体的なストーリーを一緒に語ってみましょう。第3章の「具体化のし『型』」のところで「エピソードを話す」ことを書きましたが、ここでは、さらに一歩踏み込んで、相手の心に響くようなストーリーを考えます。

　内容としては、**自分自身や、相手が身近に感じやすい誰かの「体**

験」を選ぶと効果的です。身近に感じられる人の体験談には、より感情も伴いやすくなるからです。相手が知らない人の話でも、例えば「その人の元々の状況に親しみを感じられそう」などであれば問題ありません。

特に、**多くの人が共感できるような普遍的なテーマや感情**が含まれるストーリーなら効果が得やすいです。仕事の話なら、例えば「初めての挑戦の不安」とか、「仕事での失敗からの成長」「困難な仕事を頑張ってやり遂げた達成感」などが挙げられるでしょうか。こういう場面は誰もが通る道なので、「自分も同じような経験がある」「その気持ちはわかる」と感じられるはずです。

このように共感できるテーマを軸に体験を語ることで、ただの説明以上に相手の心に深く届き、行動のきっかけになる可能性が高まります。

効果的なストーリーの構成

語るストーリーには、次の3つの要素が含まれていると、より効果的です。

- **主人公**：どんな状況の人か
- **出来事**：どんな障壁があって、どうやって乗り越えたか
- **結 果**：どうハッピーになったか

例えば、**「営業で大事なのは、話がうまいことじゃなくて、お客様の話をしっかり聞くこと」**だと伝えたい場合、こんなストーリーなどいかがでしょう。

> 主人公 私が営業部の新人だった頃の話です。
> 出来事 私は人見知りでお客様ともうまく話せないし、目標

達成なんて絶対無理だと思ってました。そんな時、先輩に「うまく話そうとするんじゃなくて、お客様の話、特に困りごとを丁寧に共感しながら聞いてみてごらん」と言われたんです。そこで私は、それを真摯に実践してみました。

結果 するとお客様の方から悩みを話してくれるようになって、最適な提案ができたんですよ。それで少しずつ自信が持てて、最終的には目標も達成できました。

このように、シンプルでも共感や気づきを呼ぶストーリーを意識して活用すれば、情報だけでは得られない感情の動きが聞き手の中に生じるかもしれません。ぜひ、伝えたいテーマにぴったりのストーリーを探すことを意識してみてください。

まとめ

感情の揺さぶり「型」

- ストーリーには、聞き手の感情・行動・記憶に影響を与える力がある
- 相手が共感できるような、自分または誰かの「体験」を語る
- 主人公・出来事・結果の3要素を含める

Let's Try!

感情の揺さぶり「型」：練習問題

ストーリーを使って相手の心に響く説明ができるよう、次の練習に取り組んでみましょう。

練習問題 ストーリー化の練習

「自ら学ぶことの大切さ」を伝えたいとします。効果的なストーリーになるような、「主人公」「出来事」「結果」の3要素を考えてみましょう。

回答

主人公：

出来事：

結　果：

回答例

主人公：Excelが苦手だった新人の私

出来事：毎月の会議資料作りでExcelを使う必要があり、難しいし時間もかかり悩んでいた。そこで、Excelの基礎から学ぼうと思い、自分で本やYouTubeで勉強したりするように。少しずつ関数やデータの整理方法を身につけ、表やグラフをスムーズに自分で作れるようになっていった。

結　果：作業時間が半分以下になり、資料の見栄えも良くなって上司から評価も。知らなかった便利な機能がたくさんあることも学び、自分で学んで成長できる喜びを知った。今では、部内でExcelの使い方を共有する会も企画している。

第**4**章 説明達人レベル：聞き手の「感情」を動かす「型」

説明達人レベル

説得力の増し「型」: 誰かの言葉や本から引用する

引用の効果

説明をしていて、相手を納得させるには「自分の話だけだとちょっと弱いかな」と感じること、ありませんか？ そんなときに役立つのが、**信頼性や権威のある人物の言葉からの「引用」**です。引用を効果的に活用することで、「それは信頼できる情報だ」と聞き手に安心感を与え、話の説得力を増すことができます。

例えば、専門家の研究結果やベストセラー書籍の一文を引用すれば、**「ただの個人的な意見ではなく、裏付けのある知見だ」**と受け止められやすくなります。話す内容に重みがあるときほど、他者の言葉の適切な引用が相手への説得材料となるのです。

引用を使いたい場面

引用を使いたい場面には、次のようなシーンが考えられます。

▶▶ 自分の意見に客観性を加える

自分の意見が特に目新しいとか、聞き手が疑念を抱きやすそうな内容であれば、権威ある人物の意見を引用して客観的な根拠を示すと効果的です。

また、専門分野の話なら、その分野で有名な専門家の言葉や研究結果を引用することで知識の裏付けになります。

▶▶ 話を簡潔に伝える

長々と説明するよりも、すでにその分野の第一人者によって語

られた短い名言や有名な一節を活用すれば、相手にストレートに響き、理解が深まるでしょう。

引用を活用するコツ

▶▶ 引用元を適切に伝える

信頼性を高めるためには、その引用元を適切に示しましょう。「○○で著名な○○氏が、○○という本でこう述べています」のように出典を付け加えることで、信頼性や説得力が増します。

▶▶ 自分の伝えたい内容との関連性を示す

引用文をただ紹介するのではなく、それが自分の主張とどう関係するのかを簡潔に述べましょう。例えば、「これはまさに私が提案している新しい営業アプローチに通じる考え方です」といったように関連性を補足すると、より一貫性のある話になります。

▶▶ 使いすぎない

引用は**重要なポイントでのみ効果的に使う**ことで説得力が高まります。あまり頻繁に使うと、自分の意見が埋もれてかえって説得力を損なうことさえあるかもしれません。使いすぎないよう意識しましょう。

なお、重要な会議やセミナーで話すとか、資料に明示するといった場合は、引用元の著作権に配慮が必要です。引用する際は「引用箇所は必要最小限にとどめる」「出典を明確に示す」「著者の意図を歪めないよう文脈を適切に伝える」といった点に気をつけましょう。

引用の実践例

例えば、本書では、70ページの「マジカルナンバー」のコラムで、アメリカの心理学者の論文から引用しています。また、ひとつ前の項目「感情の揺さぶり『型』」のところでも、「ストーリーの力」について、スタンフォード大学教授の研究結果を引用しました。これらの引用によって、私が伝えたいことの説得力は増したのではないでしょうか。

ほかに例を挙げるなら、「タイムマネジメントの第一歩は、自分の時間の使い方を自覚すること」と伝えたい場合。「ドラッカーは、著書『経営者の条件』の中で、『汝の時間を知れ』『時間が何にとられているかを明らかにすることからスタートする』と言っています」のように引用すると説得力が増すでしょう。

会社の上司など「身近な信頼できる人」がよく言うフレーズがあるなら、そういったものを使うのもいいですね。「○○社長がいつも『〜〜が大事』だと言っていますよね」といった具合です。

このように、**信頼ある人物の言葉や書籍の引用をうまく活用すれば、あなたのメッセージはより力強く、確かなものになる**はずです。

> まとめ

説 得 力 の 増 し 「 型 」

- 信頼性や権威のある人物の言葉から引用すると説得力が増す
- **場面**：自分の意見に客観性を加える、簡潔に伝える
- **コツ**：引用元を適切に伝える、伝えたい内容との関連性を示す、使いすぎない

Let's Try!

説得力の増し「型」：練習問題

引用を使って説得力のある説明ができるよう、以下の練習に取り組んでみましょう。

練習問題1 引用の練習

「あきらめずにチャレンジし続けることの大切さ」を説明したいときに、引用できる言葉を探してみましょう。身近にある本から探したり、インターネットで検索したりしてもOKです。

回答	引用内容：

回答例	・「私は失敗していない。うまくいかない方法を1万通り見つけただけだ」（トーマス・エジソンの名言） ・「進まざる者は必ず退き、退かざる者は必ず進む」（福沢諭吉「学問のすすめ」の一節） ・「あきらめたらそこで試合終了ですよ」（井上雄彦の漫画「スラムダンク」の登場人物・安西先生の言葉）

練習問題2 実践での活用

あなたが誰かに説得力を持って伝えたいことは何ですか？それを説明する際に引用できそうな言葉を探してみましょう。

説明達人レベル

抽象化・具体化の練習のし「型」

　本書の第3章でも抽象化・具体化について解説しました。が、それは抽象化力・具体化力を磨くための導入という位置づけでもあり、しっかり身につけるには、やはり地道な練習が欠かせません。普段の生活の中で意識的に練習を重ねることで、少しずつ力を蓄え、相手の感情を動かすようなレベルの抽象化・具体化の力を養うことができるのです。

　とはいえ、あまり難しく考える必要はありません。電車での移動中、スマホやテレビを見ているとき、食器を洗っているとき、入浴中などなど、**スキマ時間や何かをやりながら**でいいんです。そのとき目にしたものをテーマに、とりあえず考えてみるイメージです。

抽象化の練習法

▶▶ 共通点探し

　抽象化の力を鍛えるには、**2つ以上のものに共通する特徴を見つける**練習が効果的です。

　例えば、職場のデスクで「パソコン」と「電話」が目に入りました。この2つの共通点は何があるだろうと考えてみるのです。「連絡ツールとして使える」「音声通信ができる」「数字のボタンがある」「音が鳴る」など、いくつもの共通点が見つかりますよね。

　自宅のトイレの中で見た「トイレットペーパー」と「タオル」なら？「衛生用品」「拭くもの」「交換が必要」「在庫は切らさな

いようにする」などなど。

▶▶ カテゴリー分類

　身の回りのものを**様々な視点で分類してみる**練習もいいですね。分類したそのカテゴリー名が、抽象表現として使えます。

　例えば文房具の場合、材質で分類すると、「プラスチック製」「金属製」「紙製」、用途で分類するなら「書くもの」「切るもの」「貼るもの」。

　洋服なら、身に着ける部位で分類すると、「トップス」「ボトムス」「アウター」、用途で分類すれば、「仕事着」「遊び着」「部屋着」といった具合です。

　このように、ものごとを複数の視点から分類することで、状況に応じた適切な抽象化ができるようになります。

具体化の練習法

▶▶ 具体例を考える

　具体化の練習としては、**抽象的な言葉を見聞きしたときに「例えば、どんなこと？」と考える**習慣をつけるといいでしょう。「健康に気をつける」という言葉を聞いたら、「睡眠をしっかりとる」「野菜を多めに食べる」「なるべく歩く・階段を使う」など、具体例を思い浮かべてみます。「整理整頓」という言葉なら、「不要なものは処分する」「モノの定位置を決める」「使ったものはすぐに戻す」という感じです。

▶▶ 小さく分解

　ある程度**まとまりのある物事を表す言葉を、小さく分解する**練習もおすすめです。

例えば、「カレーを作る」という言葉。これを作業レベルに分解すると「野菜の皮をむいて切る」「肉と野菜を炒める」「水を加えて煮る」「カレールーを入れる」などに分けられますよね。

この練習は、仕事の段取りを組む練習にもなります。

抽象と具体を行き来する

第3章の練習問題で扱った「言葉の階層を上下させる」練習も、抽象と具体を行ったり来たりする練習になるので効果的です。

抽象と具体の行き来は、**「たとえ」の力を磨く**ことにもつながります。また、**分析力や発想力を養う**ことにもなり、仕事上のアイデアをひらめくきっかけにもなり得るのです。

例えば、あるお店の新メニュー考案という場面で。

サラダ巻き、生ハム太巻き（具体）がよく売れている

→つまり、**洋風サラダ具材を和風の形式にしたメニュー**（抽象）の人気が高い

→では、**ポテトサラダいなり寿司**（具体）を作ってみてはどうか

このように、日常的に抽象化・具体化の練習を重ねることで、あなたの表現力はもちろんのこと、分析力や発想力も磨かれていくでしょう。

まとめ

抽象化・具体化の練習のし「型」

- **抽象化の練習法**：共通点探し、カテゴリー分類
- **具体化の練習法**：具体例を考える、小さく分解
- **抽象と具体の行き来**：たとえの力、分析力、発想力を磨く

Let's Try!

抽象化・具体化の練習のし「型」：練習問題

練習問題1　共通点探しの練習

以下の言葉の**共通点を、なるべく多くの視点で**考えてみましょう。

「傘」と「マスク」

回答	

回答例	体を守る道具、必要なときにないと困る、忘れ物として多い、季節で使用頻度が変わる、サイズや種類が豊富

練習問題2　具体例を考える練習

以下の言葉について、**「例えばどんなこと？」**と考えてみましょう。

「信頼関係を築く」

回答	

回答例	約束した内容や期限を必ず守る、相手の話を丁寧に聞く、わからないことはしっかり確認する、良いところを具体的に褒める、間違いなどがあったら真摯に詫びる

第4章　説明達人レベル：聞き手の「感情」を動かす「型」

説明達人レベル

スムーズな「たとえ」の繰り出し「型」

　第3章の「たとえの使い『型』」のところで、「たとえ＝具体→抽象→別の具体」ということを説明しました。構造としては理解できても、話の最中に「たとえ」をパッと思いつくのはなかなか難しいですよね。

　話の中で、できるだけスムーズに「たとえ」を繰り出せるようにするための秘訣は、**日頃からたとえ話をストックしていく**ことです。

　具体的には以下のような方法がありますので、参考にしていただければと思います。

よく使うたとえ話は作っておく

　説明する機会の多いことがらについては、**あらかじめ「たとえ話」を作っておく**といいでしょう。

　例えば、「チームワークの重要性」を説明する機会が多いなら、「チームはオーケストラのようなもの。それぞれが自分の役割を果たしながら、全体の調和を保つことで、素晴らしい成果が得られる」というたとえ話を準備しておく、といった具合です。

　普段から使う機会の多いたとえ話は、練習しておくことで自然に話せるようになります。

似ているものを探してみる

　何かの状況を目の当たりにしたときに、「これって、あの状況と似ているな」と思ったことはないでしょうか。そんな風に直感

的にたとえを思いつくこともあります。

それらも分解してみると、「具体→抽象→別の具体」の構造になっているはずです。

こういった似ているものを日頃から探してみるというのも、たとえ力を磨くには効果的です。

例えば、家で冷蔵庫を開けたとき。「この賞味期限の近い食品を先に使わなきゃっていうのは、仕事の優先順位に似ているな」と思うかもしれません。

何が似ているのかを考えてみると「放っておくと、期限ギリギリになって慌てて処理しなければならなくなる」という共通点が見えてきます。

忘れないようにメモ

テレビや本、ネット、ほかの誰かの話などで見聞きした、面白いとか使えそうなたとえ話もどんどんストックしていきましょう。

お笑い芸人さんの「たとえツッコミ」なんかは、意外な切り口で的確なたとえを披露してくれることが多いですよね。「○○か！」といった感じで力強く繰り出されるたとえは、シンプルでわかりやすいだけでなく、面白くてとても参考になります。

以上のようにして作ったり見つけたりしたものは、忘れないようにメモしておくといいでしょう。ネタ帳を作っていくイメージですね。スマートフォンのメモ帳アプリなどを使えば、気づいたときにすぐ記録できます。

▶▶「抽象化したポイント」と「たとえ」を書く

そのメモには、例えば次のように、「抽象化したポイント」と「た

とえ」の両方を書いておくと、後で使いやすくなります。

・チームワーク：自分の役割と全体の調和が大事
　　→「オーケストラ」
・仕事の優先順位：期限の管理（ギリギリになると慌てて処
　理）
　　→「冷蔵庫の食品管理」
・出かけるときの荷物が大きすぎる
　　→「引っ越しか！」（○○さんのツッコミ）
・何かの知識にやたら詳しい
　　→「ウィキペディアの中の人か！」（○○さん）

　このように、日頃からいろいろなソースでネタを集めておくことで、必要なときに使えるたとえ話が増えていきます。

　そしてもちろん、ストックするだけでなくどんどん使っていきましょう。

　ストックしてそれらを使うことで、それが自分自身の言葉になり、難しい話でも相手にわかりやすくかつ面白く伝える力を高めていけるのです。

まとめ

スムーズな「たとえ」の繰り出し「型」

- たとえを日頃からストックする
- よく使うたとえ話は作っておく、似ているものを探してみる
- 忘れないようにメモ → どんどん使う

Let's Try!

スムーズな「たとえ」の繰り出し「型」:練習問題

いろいろな「たとえ」を見つけて、自分のレパートリーを増やしていきましょう。

練習問題1　たとえ話を作る

「継続の大切さ」を説明するのに使えそうな「たとえ話」を考えてみましょう。

回答

回答例

・「植物の水やり」のように、後で大きな実をつけるためには、毎日欠かさず続けることが大切。

・「マラソン」のように、ペース配分を考えながら少しずつ前に進むことが、完走への近道。

・「積立貯金」のように、少しずつでも続けていくことで、大きな成果になっていく。

練習問題2　たとえノートを作る

本やテレビ、ネット、日常生活などで見つけた、似ているもの、効果的だと感じたたとえをメモしておきましょう。

メモ

説明達人レベル

一言で伝える練習のし「型」

　長々と説明をしていると、聞き手はだんだん話の核心が分からなくなってきます。「結局、何が言いたいんだろう」と混乱してしまうかもしれません。

　そうなる前に、**伝えたいことを要約して一言で言い切れば**、こうした事態を避けることができますよね。

　第2章で、結論から話すことの重要性を解説しましたが、一言に要約することは、わかりやすい結論の文章を作ることにもなります。また、自分自身にも「何を伝えたいのか」を明確に意識できるメリットがあります。

　上手に要約できるようになるためには、やはり練習が大切です。以下に、練習の仕方を紹介します。

13～15文字程度に要約

　要約する際の目安として、**13～15文字程度**というのがおすすめです。なぜなら、**13字前後が、人が一度にパッと認識できる文字数**だと言われているからです。

　例えば、ネットニュースの見出しを見てみましょう（2024.11.11のYahoo!ニュースの記事より引用。スペースは文字数から除きます）。

- 「内定者も福利厚生使える 就活前線」（15文字）
- 「上期の経常収支 過去最大の黒字額」（15文字）
- 「新種の深海魚 沖縄で世界初の展示」（15文字）

このように、ほとんどの見出しが15文字（＋半角スペース）で書かれています。この約15文字の書き方次第で、読者に読んでもらえるのか読まれないのかが変わってくるわけです。「たかが15文字」とは侮れません。

要約の練習方法

日常生活の中で要約を練習するのに、新聞やネットの記事は格好の教材です。**記事を読んで、その内容を13〜15文字程度で表現する練習**をしてみましょう。

例えば、以下のような記事があったとします。

株式会社○○は、従来の3倍の速さで充電できる新型モバイルバッテリーを開発した。価格は従来品と同等で、来月から発売予定。スマートフォンの大容量化・高性能化に伴い、充電時間の短縮が求められていた。

これを15文字程度で表現するとどうなるでしょう。「充電時間の短縮が求められていた」という視点も意識すると**「充電時間1/3 新型バッテリー発売」**といったところでしょうか。

自分の仕事の中なら、例えば**プレゼンの項目タイトルや、報告書の見出しなどでも練習**できます。「新システム導入で残業半減」「サービス向上で満足度2割アップ」といった具合です。

自分以外の人の説明を聞いて、自分なりに要約してみるのもおすすめです。自分の頭の中でやってみるのでもいいですし、相手と会話しながら、「つまり〜〜（要約内容）ということですね？」と確認してみるのも役に立ちます。

第4章 説明達人レベル：聞き手の「感情」を動かす「型」

185

▶▶ 効果的な要約のコツ

要約する際は、以下の点を意識するといいでしょう。

- 最も伝えたい核心部分（メリットなど「ウリ」の部分）を残す
- 重要ではない情報を削ぎ落とす
- 数字があれば活かす（印象に残りやすい）
- 15文字程度に収まるまで繰り返す
- 見出しなどの場合は、助詞（「は」「が」「を」など）を極力省く

これは広告のキャッチコピーを考えるような感覚です。「何を一番伝えたいか」を意識して、インパクトのある表現を心がけましょう。

表現力が磨かれる

このように、15文字程度での要約を意識して練習していくと、伝えたいことを端的に表現する力が自然と身につきます。「一言の重み」に気づかされ、「言葉の選び方」も磨かれていくのです。

それは、プレゼンテーションの場面で、聞き手の心に刺さる一言を放つ力にもなりますし、日々の説明や報告がよりわかりやすくなることにもつながるはずです。

まとめ

一言で伝える練習のし「型」

- 13〜15文字程度での要約を意識する（人が一度に認識できる文字数）
- 新聞記事や、プレゼン・報告書の見出し、人の話など、様々な場面で練習する
- **コツ**：核心（ウリ）を残す、不要な情報を削ぎ落とす、数字を活かす

Let's Try! 一言で伝える練習のし「型」：練習問題

一言で伝えることができるよう、以下の練習に取り組んでみましょう。

練習問題　要約の練習

以下の説明について、**15文字程度で「見出し風」に表現して**みましょう。

①「お客様からの問い合わせ対応について、よくある質問をデータベース化して共有することで、回答時間が短縮され、お客様満足度も上がっています」

回答	（　　　文字）

回答例	「FAQ共有で回答時間短縮し好評」（15文字）

②「新入社員研修について、座学中心だった内容を、実践的なワークを取り入れた参加型に変更したことで、研修後の業務への活用度が上がり、成果が向上しました」

回答	（　　　文字）

回答例	「参加型の新人研修で業務成果向上」（15文字）

説明達人レベル

効果的な結論の持ってき「型」

　基本的には「結論から話す」ことが望ましいのですが、時と場合によっては、**結論を後に回した方が効果的なこと**もあります。

結論を後に回した方が効果的な場合

　代表的なものとしては、以下の3つの場面が挙げられます。

▶▶ 交渉事の場面

　交渉事とは、相手との話し合いです。ですから提案内容は決定事項ではなく、**相手の意見によっては調整の余地**があります。

　例えば、社内の他部署と新しい事業の協力体制について話し合う場合。いきなり「毎週のミーティングに参加してもらえないか」と切り出すと、相手は「え、毎週？」「そんなに時間を取られるの？」と、まず否定的な反応を示すかもしれません。

　そういう場合は、「この事業で目指すこと」「協力のメリット」「綿密な連携の重要性」などの背景説明を先にして、相手の理解を得ながら進めていくといいでしょう。その過程で相手の状況や懸念点も聞き、より合理的な方法を探っていくイメージです。

　そして、**合意を得られそうな頃合い**で結論（＝具体的な提案）を伝えれば、双方にとってより良い決着となる可能性が高まります。

▶▶ ネガティブな内容を伝える場面

　相手にとって好ましくないことを伝えなければならない場合は、相手の理解を得ることと、関係性を維持することが重要です。

例えば、お客様にあるサービスの終了を伝える場合。いきなり「このサービスは来月で終了します」と伝えると、相手は不快感が先立ち、その後の説明を冷静に聞けなくなるかもしれません。

まずは「環境の変化」「継続のために努力してきた内容」「サービス継続の難しさ」などを丁寧に説明し、**お客様が「なるほど、そういう事情があるのか」と理解できる流れを作ってから**、サービス終了という結論を伝えます。そのうえで、代替サービスの提案やサポート体制などについて説明するのもいいですね。

▶▶ プレゼンで期待感を持たせたい場面

プレゼンで新しい企画を提案するなど、**聞き手の期待感を高めたい場面**では、後半に結論を持ってくる展開が効果的です。

例えば、「現状の課題」「解決に向けたヒント」「これまでの取り組み」といった具合に話を展開し、「実はこんな画期的な方法を発見しました！」と、後半で結論として提案するイメージです。

他にも、話が複雑だからまず前提を丁寧に説明してからの方がいい、といった場合などもありますが、ここでは、特に相手の「感情面」に影響を及ぼすことについて紹介しました。

結論を後に回すときのポイント

結論を後に回す場合は、以下の点にも気をつけましょう。

- **説明の流れを事前に考えておく**：結論に至るまでの道筋を、相手の立場に立って感情を想像しつつ組み立てておきます。
- **結論までの展開をできるだけ簡潔に**：長々と前置きして相手がイライラしないよう、簡潔に説明することを心がけます。
- **確実に結論を伝える**：結論があいまいになってしまわないよ

第4章 説明達人レベル：聞き手の「感情」を動かす「型」

う、適切なタイミングできちんと結論を伝えきりましょう。

このように、**相手の「感情」に焦点を合わせて、適切な結論のタイミングを計る**ことが大切です。

本章の最後には、このような場面にも使える「説明の型」を紹介しますので、実践の参考にしてください。

まとめ

効 果 的 な 結 論 の 持 っ て き 「 型 」

- 状況によっては、結論を後に回した方が効果的な場合もある
- 交渉事、ネガティブな内容、期待感を持たせたい場面など
- 事前に流れを考え、展開を簡潔にし、確実に結論を伝える

Let's Try!

効 果 的 な 結 論 の 持 っ て き 「 型 」 : 練 習 問 題

練習問題 説 明 の 流 れ の 組 み 立 て

以下の場面で、効果的な説明の流れを考えてみましょう。

[場面]

社内の業務改善の一環として、**これまで紙で行ってきた社内申請の諸手続きを、すべてオンライン化する**ことを提案することになりました。長年、紙での運用に慣れている社員も多く、丁寧な説明が必要です。

状況としては以下のとおり：

- 今年度中に申請手続きのオンライン化システムを導入したい（結論）
- システムを導入すれば、手続きの効率化だけでなく、コスト削減にもつながる（メリット）
- 現状の紙での申請は、受け渡しや決裁手続きの手間、印刷コスト、記入ミス、保管場所の確保など課題も多い（課題）
- 他社でもオンライン化によって業務効率が大幅に改善したという事例が多い（他社の事例）

回答	1.
	2.
	3.
	4.

回答例	1. 現状の紙での申請における課題を共有（課題）
	2. 他社でのオンライン化の成功事例を紹介（他社の事例）
	3. オンライン化システムを導入したいことと具体的内容を説明（結論）
	4. オンライン化した場合のメリットを具体的に説明（メリット）

公式の「説明の型」上級編 ⑥

DESC法　［上手にNOも言える］

客観的な状況説明から入る

　上級編の一つ目は、**DESC法**です。これは、**相手との関係性を保ちながら、自分の状況や意見を伝える**際に効果的な型です。相手の要求に「NO」を伝える場面でも活用できます。

　構成は次のとおりで、それぞれの頭文字をとってDESC（デスク）法と呼ばれています。

- **Describe（描写）**：（状況を客観的に描写）〜という状況です。
- **Express（表現）**：（自分の気持ちや考えを表現）私は〜と感じています。
- **Suggest（提案）**：（対応可能な提案を行う）〜という方法はいかがでしょうか。
- **Choose（選択）**：（選択肢を示す）あるいは〜という方法も可能です。

　まず、状況を客観的に説明し、次に自分の気持ちを伝えます。そして、対応可能な提案を行い、可能ならそれ以外の代替案も示すという流れです。

　DESC法を使った社内での調整の事例を見てみましょう。

> **D（描写）** マーケティング資料を今週中に作成してほしいとのご依頼ですが、実は現在、今週末締切の営業戦略レポートの作成にも取り組んでいるところです。
>
> **E（表現）** このスケジュールですと、両方の資料の品質を十分に確保するのは非常に難しいと感じます。
>
> **S（提案）** そこで、マーケティング資料の作成については、来週水曜日まで時間をいただけないでしょうか。
>
> **C（選択）** もし、部分的にでも急いで必要ということでしたら、その項目だけ今週中に作成し、残りは来週という対応ならできそうですが、いかがでしょうか。

　最初に客観的な状況説明から入ることで、相手は冷静に状況を理解できます。次に、その状況によって自分がどう感じるかを伝えることで、相手も受け止めやすくなるでしょう。

　そして、その状況でも可能な提案をしたうえで、それ以外の選択肢も示すことで、相手が柔軟に検討しやすくなります。

　DESC法は、特に、**相手の要望に100％応えられない場合や、何らかの調整が必要な場合に頼りになる有用な型**です。

　第4章の「結論の持ってき『型』」で説明した交渉事の場面でも、このDESC法を活用することでより効果的な説明ができるでしょう（この場合は、「S(提案)」が結論ですね）。

公式の「説明の型」上級編 ⑦

PCSF法［問題の解決策と ポジティブな未来を示す］

変革を推し進めたいときに

さて、本書で紹介する最後の「説明の型」は、**PCSF法**です。これは、**現状の問題点を示したうえで、それを解決するための提案を行う**のに効果的な型です。

構成は次のとおりで、それぞれの頭文字をとってPCSF（ピーシーエスエフ）法と呼ばれています。

- **Problem（問題）**：現状では〜という問題があります。
- **Change（変化）**：しかし、今〜という変化が起きています。
- **Solution（解決策）**：そこで〜という方法で解決できます。
- **Future（未来）**：これによって〜という未来が実現できます。

まず、現状の問題点を提示し、次に、その解決につながりそうな変化の兆しを示します。そして具体的な解決策を提案し、最後にその実現によって得られる未来像を示すという流れです。

PCSF法を使った業務改善提案の事例を見てみましょう。

P（問題） 現在、お客様からの問い合わせ対応に非常に時間がかかっており、お待たせして申し訳ない状況が続いています。

C（変化） 一方で、最近のAI技術の進歩により、問い合わせ内容の約8割は定型的な回答で対応できることがわかってき

ました。

S（解決策）そこで、定型的な問い合わせはAIチャットボットが即座に回答し、複雑な内容のみ人が対応する仕組みを導入してはいかがでしょうか。

F（未来）これを導入することで、お客様の待ち時間が大幅に短縮され、人の対応が必要な場合は丁寧な対応が可能になります。結果として、業務効率化と顧客満足度向上の両立が実現できるのです。

最初に現状の問題を示すことで、聞き手の問題意識が高まります。次に、その問題を解決できそうな変化の兆しを伝えることで、期待感が生まれます。そして具体的な解決策を示し、その先にある未来を描くことで、聞き手の前向きな気持ちを引き出すことができるのです。

PCSF法は、**業務改善の提案や新規プロジェクトの企画など、変革を推進したい場面で特に効果的な型**です。

第4章の「結論の持ってき『型』」の練習問題で示したシーンが、まさにこの型が活きる場面になっています。回答例を見ていただくと、PCSFの流れになっているのがおわかりいただけるかと思います。

そして、この型の一番のおすすめポイントは、最後の**Future（未来）**です。こんな風にHappyになるという**明るい未来像を、強化した語彙力を使って魅力的に語る**ことで、ポジティブな気持ちで検討してもらえる可能性を高めることができるでしょう。

Column

スライド間にブリッジをかける

　プレゼンテーションを行う際、次のスライドに切り替えるときにどのような説明の仕方をしていますか？ もし、次のスライドを表示してから「さて、次は〜についてですが……」と話し始めたりしていたら、少しもったいないかもしれません。

　おすすめの切り替え方は、**次のスライドへの期待感を高めるために「ブリッジをかける」**こと。ブリッジをかけるとは、文字どおり「橋渡しをする」ということです。

　例えば、あるサービスの内容について説明したあとに、「では、このサービスを導入するとどのようなメリットがあるのでしょうか？」と問いかけてから、次のスライドに移りメリットを示す。あるいは、「この問題の解決策として、とても効果的な方法があります」と前振りをしてから、「それが、こちらです」と言いながら解決策のスライドを見せる、といった具合です。

　このように、次のスライドの内容を匂わせたり、聞き手の興味を引いたりするような言葉をかけることで、プレゼンテーションはより魅力的なものになります。

　次のスライドを見せてから「えー、次は〜」と言ってばかりでは、聞き手は「機械的な説明だ」「説明の流れがブツ切りになっている」と感じるかもしれません。

　一方、ブリッジをかけることで、説明の流れがスムーズになるだけでなく、聞き手の期待感が高まってより集中して見てもらえる、メリハリがついて話の展開が印象的になる、といったメリットがあるのです。

　プレゼンをする機会があれば、どんなブリッジをかけると効果的か、ぜひ考えてみてくださいね。

日々の実践のために

巻末付録:
説明用テンプレート

テンプレートの使い方

　本書の内容を実践していただくにあたって、取り組みやすいよう以下のテンプレートをご用意しました。日常の説明の準備にご利用いただければと思います（本書2ページに記載の方法でPDFをダウンロードすることもできます）。

▶▶ 説明準備シート：198ページ

　説明の相手や目的、ゴール、伝えたいポイント（結論）などを整理したうえで、必要な情報を洗い出し、説明の組み立てを考えるためにご活用ください。

　主に本書の第1章で解説したことが土台になっていますが、第2〜4章を踏まえた情報も書き込めるようになっています。

▶▶「説明の型」テンプレート：199〜205ページ

　本書の第2〜4章で紹介した「説明の型」①〜⑦をテンプレートの形にしました。「説明の型」を使って説明する場合は、説明準備シートの代わりに、説明内容に適した「型」のテンプレートを選んでご利用ください。

　第2章の冒頭で解説した、「話し始め方」も実践できる構成になっています。

　なお、⑤のTAPS法および⑦のPCSF法については、「ゴール」の欄の下に「※必要に応じて結論」という欄を設けています。

　プレゼンや交渉などで結論を後にする場合は使わなくていいのですが、上司に報告や相談をする際など、先に結論を伝えた方がよい場合は、この欄もご利用ください。

説明準備シート

※必要な欄のみ記入

説明予定 日時・場面	月　日（　）　　：		
相手（留意点など）			
テーマ			
目的	報告・連絡・相談・依頼・提案・確認・ほか（　　　　　　　）		
ゴール			
見込み所要時間			
背景			
伝えたいポイント （結論）			
必要な情報の洗い出し			
相手が重視すること			
Who 誰が		メリット 未来像	
Whom 誰に、誰を、誰のために、誰と		デメリット、問題、リスク	
What 何が、何を、何に		その他 （事例、たとえ、ストーリー、引用、代替案、補足　など）	
When いつ、いつから、いつまでに			
Where どこで、どこに、どこが			
Why なぜ、何のために			
How どのように、どんなやり方で			
How much いくらで			
How many いくつ、どのくらい			
説明の組み立て			

「説明の型」初級編テンプレート①　ホールパート法（「～は3つあります」）

説明予定		月　　□（　）　　　　　　：
相手（留意点など）		
呼びかけ	相手	（　　　　　　　　）、（＋クッション言葉：お忙しいところ申し訳ありません　等）
	テーマ	（　　　　　　　　　　　　　　　　　　　　　　　　）について
	目的 （説明区分）	（急ぎの）ご　報告・連絡・相談・提案・依頼（お願い）・（　　　　　　） 　　　　　　　　　　　　　　　　　　　　　　があるのですが、
	所要時間	今、（　　　　）分ほどお時間よろしいでしょうか。
ゴール		（～していただきたいと思っています）
ホール 話の全体像		については、 （　　　　　　　　　、　　　　　　　　　、　　　　　　　　の） 　　　　　　　　　　　　　　　　　（　　　）つあります。
パート 各パートの詳細		1つ目は、
		2つ目は、
		3つ目は、
ホール まとめ		以上のように 　　　　　　　　　　　　　　　　　　　　　　　　　　　　　です。
備考 （補足や準 備する資料 など）		

199

「説明の型」初級編テンプレート②　PREP法（まずは結論を述べる）

説明予定		月　　日（　　）　　　　　　　：
相手（留意点など）		
呼びかけ	相手	（　　　　　　　　）、（＋クッション言葉：お忙しいところ申し訳ありません　等）
	テーマ	（　　　　　　　　　　　　　　　　　　　　　　　）について
	目的 （説明区分）	（急ぎの）ご　報告・連絡・相談・提案・依頼（お願い）・（　　　　　　　） 　　　　　　　　　　　　　　　　　　　　　　　　　　　があるのですが、
	所要時間	今、（　　　　　）分ほどお時間よろしいでしょうか。
ゴール		（〜していただきたいと思っています）
Point 導入結論		（テーマ：　　　　　　　　　　　　　　　　　　）については 結論としては 　　　　　　　　　　　　　　　　　　　　　　　　　　　です・でした。 　　　　　　　　　　　　　　　　　　　　　　　　　　　と考えます。
Reason 理由		なぜなら・理由としては 　　　　　　　　　　　　　　　　　　　　　　　　　　　だからです。
Example 具体例・事例		具体的には・例えば
Point 最終結論		したがって・以上のことから 　　　　　　　　　　　　　　　　　　　　　　　　　　　です・でした。 　　　　　　　　　　と考えますが、よろしい・いかが　でしょうか。
備考 （補足や準 備する資 料など）		

「説明の型」中級編テンプレート③　SDS法（概要→詳細で理解しやすくする）

説明予定	月　　日（　　）　　　　　：		
相手（留意点など）			
呼びかけ	相手	（　　　　　　）、（＋クッション言葉：お忙しいところ申し訳ありません　等）	
	テーマ	（　　　　　　　　　　　　　　　　　　　　　）について	
	目的 （説明区分）	（急ぎの）ご　報告・連絡・相談・提案・依頼（お願い）・（　　　　　） 　　　　　　　　　　　　　　　　　　　　　　　　があるのですが、	
	所要時間	今、（　　　）分ほどお時間よろしいでしょうか。	
ゴール	（～していただきたいと思っています）		
Summary 概要	（概要としては） 　　　　　　　　　　　　　　　　　　　　　　　　　　　　　です・でした。		
Details 詳細	（詳細としては） 　　　　　　　　　　　　　　　　　　　　　　　　　　　　　です・でした。		
Summary まとめ	以上のように、 　　　　　　　　　　　　　　　　　　　　　　　　　　　　　です・でした。		
備考 （補足や準備する資料など）			

「説明の型」中級編テンプレート④　SBAR法（医療現場での報告の型を活用する）

説明予定		月　　　日（　　）　　　　　：
相手（留意点など）		
呼びかけ	相手	（　　　　　　　　）、（＋クッション言葉：お忙しいところ申し訳ありません　等）
	テーマ	（　　　　　　　　　　　　　　　　　　　　　　　）について
	目的 （説明区分）	（急ぎの）ご　報告・連絡・相談・提案・依頼（お願い）・（　　　　　　） 　　　　　　　　　　　　　　　　　　　　　があるのですが、
	所要時間	今、（　　　　）分ほどお時間よろしいでしょうか。
ゴール		（〜していただきたいと思っています）
Situation 状況		（いつ、誰が、どこで、何を、どのように、どうした、何が、どうなった） 　　　　　　　　　　　　　　　　　　　　　　　　という状況です。
Background 背景		背景としては、 　　　　　　　　　　　　　　　　　　　　　　ということがあります。
Assessment 評価		この状況は、 　　　　　　　　　　　　　　　　　　　　　　と考えられます。
Recommendation 提案		したがって、 　　　　　　　　　　　　　　　　してはいかがでしょうか。 　　　　　　　　　　　　　　　していただけますでしょうか。
備考 （補足や準 備する資 料など）		

「説明の型」中級編テンプレート⑤　TAPS法（目標達成への解決策を示す）

説明予定		月　　　日（　　）　　　　　：
相手（留意点など）		
呼びかけ	相手	（　　　　　　　　）、（＋クッション言葉：お忙しいところ申し訳ありません　等）
	テーマ	（　　　　　　　　　　　　　　　　　　　　　　　　　）について
	目的 （説明区分）	（急ぎの）ご　報告・連絡・相談・提案・依頼（お願い）・（　　　　　　） 　　　　　　　　　　　　　　　　　　　　　　　　　　があるのですが、
	所要時間	今、（　　　　）分ほどお時間よろしいでしょうか。
ゴール		（〜していただきたいと思っています）
※必要に応じて 結論 （Solution の提案 等）		（　　　　　　　　　　　　　　　　）については 　　　　　　　　　　　　　　（をすべきと考えております。）
To Be 理想・あるべき姿		（というのも、） 理想・目標は、 　　　　　　　　　　　　　　　　　　　　　　　　です。
As Is 現状		それに対して、現状は 　　　　　　　　　　　　　　　　　　という状況です。
Problem 問題		それ（理想と現状の間にあるギャップ）は、 　　　　　　　　　　　　　　が問題となっているからです。
Solution 解決策		それは 　　　　　　　　　　　　　　　　によって解決できます。
備考 （補足や準 備する資料 など）		

203

「説明の型」上級編テンプレート⑥　DESC法（上手にNOも言える）

説明予定		月　　日（　　）　　　　　：
相手（留意点など）		
呼びかけ	相手	（　　　　　　　　）、（＋クッション言葉：お忙しいところ申し訳ありません　等）
	テーマ	（　　　　　　　　　　　　　　　　　　　　　　　　）について
	目的 （説明区分）	（急ぎの）ご　報告・連絡・相談・提案・依頼（お願い）・（　　　　　　） 　　　　　　　　　　　　　　　　　　　　　　　　があるのですが、
	所要時間	今、（　　　　　）分ほどお時間よろしいでしょうか。
ゴール		（〜していただきたいと思っています）
Describe 状況を客観的に描写		という状況です。
Express 自分の気持ちや考えを表現		私は、 と感じています。
Suggest 対応可能な提案を行う		そこで、 という方法はいかがでしょうか。
Choose 選択肢を示す		あるいは という方法も可能です。
備考 （補足や準備する資料など）		

「説明の型」上級編テンプレート⑦　PCSF法（問題の解決策とポジティブな未来を示す）

説明予定		月　　日（　　）　　　　　：
相手（留意点など）		
呼びかけ	相手	（　　　　　　　）、（＋クッション言葉：お忙しいところ申し訳ありません　等）
	テーマ	（　　　　　　　　　　　　　　　　　　　　　　　　　）について
	目的 （説明区分）	（急ぎの）ご　報告・連絡・相談・提案・依頼（お願い）・（　　　　　　） 　　　　　　　　　　　　　　　　　　　　　　　　があるのですが、
	所要時間	今、（　　　　）分ほどお時間よろしいでしょうか。
ゴール		（〜していただきたいと思っています）
※必要に応じて 結論 （Solution の提案 等）		（　　　　　　　　　　　　　　　　　　　　）については 　　　　　　　　　　　　　　　（をすべきと考えております。）
Problem 問題		（というのも）現状では 　　　　　　　　　　　　という　問題・課題　があります。
Change 変化		しかし、今（一方で） 　　　　　　　　　　　　　という変化が起きています。
Solution 解決策		そこで、 　　　　　　　　　　　　という方法で解決できます。
Future 未来		これによって 　　　　　　　　　　　といった未来が実現できます。
備考 （補足や準 備する資料 など）		

おわりに

「わかりやすい説明」は、ビジネスパーソンにとって必須のスキルです。

それなのに、多くの方が体系的に学ぶ機会のないまま、手探りで説明しているのが現状ではないでしょうか。あるいは、説明の仕方の本を読んだことはあるけれど、結局何が大事だったかあまり覚えていない、という方もいらっしゃるかもしれません。

そんな状況の方でも、着実に説明力を向上できるようにするにはどうしたらいいか、検討を重ねて作り上げたのが本書です。

解説、まとめ、練習問題、公式の型やテンプレート。ぜひ、これらを、「何度でも存分に」活用してください。この本が、あなたの「伝わる説明」のための右腕となれば、これ以上の喜びはありません。

本書の執筆にあたり、今回も企画段階から真摯に寄り添い伴走してくださった技術評論社の石井亮輔さんに改めてお礼を申し上げます。魅力的な装丁に仕上げていただいたMOAIの岩永香穂さん、執筆継続のための環境提供（早朝もくもく会の主催）と応援をしてくださったIT活用推進アドバイザーの家門理恵さんも、誠にありがとうございました。また、変わらず、応援し見守り続けてくれた夫と子どもたちにも（特に今回は事例のアイデア出しにも協力してくれて）、感謝しています。

そして何より、この本を手に取ってくださったあなたに、心からの感謝を込めて。

参 考 文 献

- 伊藤羊一『1分で話せ』SBクリエイティブ（2018）
- 梅田悟司『誤解されない話し方』講談社（2010）
- 岡本純子『世界最高の話し方』東洋経済新報社（2020）
- カーマイン・ガロ（著）, 土方奈美（訳）『TED驚異のプレゼン』日経BP（2014）
- 梶井基次郎『檸檬』新潮社（1967）
- 齋藤孝『大人の語彙力ノート』SBクリエイティブ（2017）
- 坂本健『実践！ロジカルシンキング研修』ポテンシャル・ディスカバリー・コンサルティング（2015）
- 中村文子, ボブ・パイク『講師・インストラクターハンドブック』日本能率協会マネジメントセンター（2017）
- 野口嘉則『完全版 鏡の法則』サンマーク出版（2017）
- P・F・ドラッカー（著）, 上田惇生（訳）『ドラッカー名著集1　経営者の条件』ダイヤモンド社（2006）
- 深谷百合子『賢い人のとにかく伝わる説明100式』かんき出版（2024）
- 藤吉豊, 小川真理子『「話し方のベストセラー100冊」のポイントを1冊にまとめてみた。』日経BP（2021）
- 細谷功『具体と抽象』dZERO（2014）
- 細谷功『「具体⇔抽象」トレーニング』PHP研究所（2020）
- 吉井奈々『オトナ女子のすてきな語彙力帳』ダイヤモンド社（2022）
- ロバート・B・チャルディーニ（著）, 社会行動研究会（翻訳）『影響力の武器［第三版］』誠信書房（2014）
- ネルソン・コーワン　"The magical number 4 in short-term memory: A reconsideration of mental storage capacity"（2001）
- ジョージ・ミラー　"The Magical Number Seven, Plus or Minus Two: Some Limits on Our Capacity for Processing Information"（1956）
- ジェニファー・アーカー　"Stories are remembered up to 22 times more than facts alone."
  https://womensleadership.stanford.edu/node/796/harnessing-power-stories（2024.1.8閲覧）

海津 佳寿美（かいづ かすみ）

コミュニケーションオフィスkinds 代表。国家公務員として文部省、国立大学勤務を経て、研修講師として独立。学長秘書時代には皇族や大臣を含む多くのVIP対応も経験。各種ビジネススキルに関する企業研修、個人向け講座を行う。これまで約600回の登壇で受講者は約8千人。著書「一生使える ビジネスメールの『型』」。

装丁	岩永香穂（MOAI）
DTP	BUCH⁺
編集	石井亮輔

大事な順に身につく 説明の「型」
～相手にイライラされない、"伝わる"説明の技術

2025年3月29日　初版　第1刷発行

著者	海津 佳寿美
発行者	片岡 巌
発行所	株式会社技術評論社
	東京都新宿区市谷左内町21-13
電話	03-3513-6150　販売促進部
	03-3513-6185　書籍編集部
印刷／製本	港北メディアサービス株式会社

定価はカバーに表示してあります。
本書の一部または全部を著作権法の定める範囲を越え、無断で複写、複製、転載、テープ化、ファイルに落とすことを禁じます。

©2025　海津 佳寿美

造本には細心の注意を払っておりますが、万一、乱丁（ページの乱れ）や落丁（ページの抜け）がございましたら、小社販売促進部までお送りください。送料小社負担にてお取り替えいたします。
ISBN978-4-297-14780-8 C0033
Printed in Japan